고수 사장님의
세금 줄이기

고수 사장님의
세금 줄이기

초판 1쇄 인쇄 2023년 12월 27일
초판 1쇄 발행 2024년 1월 3일

지은이 김철훈 세무사

발행인 장상진
발행처 (주)경향비피
등록번호 제2012-000228호
등록일자 2012년 7월 2일

주소 서울시 영등포구 양평동 2가 37-1번지 동아프라임밸리 507-508호
전화 1644-5613 | **팩스** 02) 304-5613

ⓒ김철훈

ISBN 978-89-6952-570-3 03320

초보 사업자라면 꼭 알아야 할

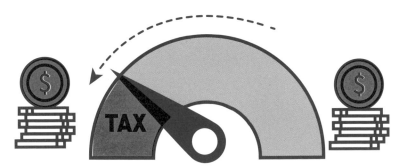

고수 사장님의
세금 줄이기

김철훈 세무사 지음

경향BP

초보 사장님께
특별히 전해 주고 싶은 이야기

오랫동안 초보 사장님에게 들려주고 싶었던 이야기를 드디어 책으로 내게 되었습니다.

저는 십수 년 동안 고객의 세금을 다루어 왔습니다. 그만큼 많은 사장님을 만나 왔습니다. 그 과정에서 이제 막 사업을 시작하는 초보 사장님들에게 특별히 전해 주고 싶었던 이야기가 있었습니다. 그런데 한 사람 한 사람에게 그 이야기를 처음부터 끝까지 들려주기에는 시간적으로나 물리적으로나 한계가 있어 아쉬웠습니다. 드디어 그 내용들을 지면을 빌려 전달할 수 있어서 정말 다행이라 생각합니다.

이 책이 세상에 나오기까지는 우연의 연속이었습니다. 그 우연의 시작은 1년 전으로 거슬러 올라갑니다.

첫 번째 우연은 KBS 라디오 프로그램 「성공예감」에서 '슬기로

운 세무 생활' 코너를 하게 된 것입니다. 저는 아침 출근길에 즐겨 듣던 「성공예감」에 세무 정보 코너를 제안하고 샘플원고를 보냈습니다. 며칠 지나 「성공예감」의 작가님에게서 전화가 왔습니다. 마침 「성공예감」에서도 같은 코너를 기획하고 있던 차였습니다. 운 좋게 제 목소리가 KBS 라디오를 통해 흘러나올 수 있었습니다.

두 번째 우연은 그 라디오 방송을 듣고 연락을 해 온 출판사와의 만남입니다. 제 라디오 방송을 듣고 내용을 쉽게 잘 설명한다며 책 출간을 제안했습니다. 그리고 1년의 시간이 흐른 뒤 드디어 책이 세상에 나오게 되었습니다.

이 책이 사업이라는 모험을 떠나는 사장님들에게 지도와 같은 역할을 할 수 있다면 좋겠습니다. 앞으로 사장님들의 여행길에는 좋은 일만큼이나 시련도 많을 것입니다. 돈이 잘 벌리면 잘 벌리는 대로 고민거리가 있고, 안 벌리면 안 벌리는 대로 근심이 있을 것입니다. 돈이 잘 벌릴 때는 많은 세금과 건강보험료를 준비해야 하고, 안 벌릴 때는 직원들 월급과 처리해야 하는 미수금이 걱정될 것입니다. 게다가 안 벌릴 때에도 내야 하는 세금과 4대보험이라는 함정은 정말 사장님들을 힘들게 할 것입니다.

사업을 할 때는 위험들이 곳곳에 도사리고 있습니다. 사장님들이 사업을 운영하면서 쌓인 연륜과 레벨업된 실력만큼 위험들도 끊임없이 새롭게 나타나게 됩니다. 그럴 때 이 책이 도움이 되기를 희망합니다.

매를 맞더라도 알고 맞는 것과 모르고 맞는 것은 천지 차이입니다. 사장님들이 이 책을 통해 사업이라는 여정에서 만나게 될 위험들을 미리 대비할 수 있으면 좋겠습니다. 가능하다면 그런 위험들을 만나지 않았으면 합니다.

물론 이 책 한 권만으로 사장님들의 여정에서 겪게 될 모든 위험이 해결될 수는 없을 것입니다. 그래서 저는 앞으로도 계속해서 다양한 방법으로 사장님들의 사업 성공에 도움이 될 내용들을 업데이트할 생각입니다. 책으로, 블로그로, 유튜브와 방송으로 늘 소통하며 사장님들의 여정을 돕겠습니다.

이 책을 통해 마음 깊은 감사를 드리고 싶은 분들이 있습니다. 누리세무그룹의 식구인 이나영 대리님, 손보아 주임님, 김재연 사우님 덕분에 사무실을 안정적으로 운영하며 글을 쓸 수 있었습니다. KBS 라디오 「성공예감」의 지희원 작가님, 정주원 작가님, 이혁휘 피디님, 그리고 이대호 편집장님께도 감사드립니다.

마지막으로 사랑하는 아내 앤트세무법인 광화문점 김예리 대표세무사와 사랑하는 예쁜 딸 누리, 우리 가족의 든든한 지원자이신 장모님, 나린이와 누구보다 존경하는 부모님께 진심 어린 감사를 드립니다.

김철훈

CONTENTS

1장 | 왕초보 사장님 ~ 1년차 사장님의 세금 줄이기

3 부가가치세 줄이기 : 면세? 과세? 간이?

2장 | 1~3년 차 사장님의 세금 줄이기

1 1~3년 차 사장님의 세금 줄이기

2 여기저기서 새는 세금 막기

3장 | 3년 차 이상 사장님의 세금 줄이기

1 돈이 벌리기 시작하면 세금이 무서워진다

2 세무조사? 가산세? 알면 무섭지 않아

4장 | 고수 사장님의 세금 줄이기

1 법인으로 변경하고 세금 줄이기

2 최후의 절세 꿀팁 : 이미 나온 세금도 줄여 보자

5장 | 업종별 세금 줄이기

개인 개인사업자에게 해당하는 내용임

나초보
(34세, 사장)

사업은 처음인 왕초보 사장. 한 번 마시면 그 맛에 반해 헤어 나올 수 없는 매드커피를 판매하는 '매드카페'의 주인이다. 사장은 처음이지만 커피 업계에서는 알아주는 바리스타이다. 대학 시절부터 커피전문점에서 아르바이트를 시작해 커피에 대한 애정과 조예가 깊다. 커피와 관련한 연구를 많이 했다.

손승민
(28세, 대리)

매드카페의 직원. 매드카페를 오픈할 때부터 함께 했다.

김철훈
(34세, 세무사)

나초보 사장의 세무대리인. 나초보 사장과는 오래전부터 인연을 맺어 왔다.

1장

왕초보 사장님 ~
1년 차 사장님의
세금 줄이기

예비 사장님이
반드시 알아야 할 절세의 기초

세금은 언제 내나? :
일 년 세금 일정 살펴보기

사장님들을 만나다 보면 자주 듣는 하소연이 있다.

"세금, 왜 이렇게 자주 내요?"

정말 세금을 얼마나 자주 내는지는 사장이 되어 보기 전에는 모른다. 매월 세금을 내고 돌아서면 또 세금을 내야 하는 날이 다가온다.

실제로 사업을 하면서 직원이 1명이라도 있다면 매달 원천세라는 것을 낸다. 4대보험도 낸다. 추가로 분기마다 부가가치세, 1년에 2번 종합소득세와 법인세를 낸다. 부동산을 팔거나, 증여나 상속과 같은 세금과 관련된 이벤트가 발생할 때마다 세금을 낸다. 그러다 보면 정말 세금 내고 돌아서면 또 세금을 내야 한다.

세무사 없이는 놓치기도 정말 쉽다. 1년간 세금 내는 날을 먼저 살펴보자.

세금일정표

▌1월

- 10일 : 원천징수분 법인세, 소득세, 지방소득세 납부, 4대보험료 납부

- 15일 : 고용·산재 근로내용확인신고(일용직)

- 25일 : 제2기 부가가치세 확정 신고(일반과세자, 간이과세자)

- 31일 : 일용근로소득 지급명세서, 간이지급명세서(근로소득, 거주자의 사업소득) 제출

▌2월

- 10일 : 원천징수분 법인세, 소득세, 지방소득세 납부, 4대보험료 납부

- 10일 : [면세사업자] 면세 사업자 사업장 현황신고

- 15일 : 고용·산재 근로내용확인신고(일용직)

- 28일 : 일용근로소득 지급명세서, 간이지급명세서(근로소득, 거주자의 사업소득) 제출

- 28일 : 이자소득, 배당소득, 기타소득 지급명세서 제출(작년분)

3 3월

    - 10일 : 원천징수분 법인세, 소득세, 지방소득세 납부, 4대보험료 납부

    - 10일 : 근로소득, 원천징수대상 사업소득, 퇴직소득, 기타소득 중 종교

       인소득 지급명세서 제출

    - 10일 : 건강보험 보수총액(작년분) 신고(건강보험관리공단)

    - 15일 : 고용·산재 근로내용확인신고(일용직)

    - 15일 : 고용, 산재 보수총액(작년분) 신고(근로복지공단)

    - 31일 : 법인세 신고납부

    - 31일 : 일용근로소득 지급명세서, 간이지급명세서(근로소득, 거주자의 사

       업소득) 제출

4 4월

    - 10일 : 원천징수분 법인세, 소득세, 지방소득세 납부, 4대보험료 납부

    - 15일 : 고용·산재 근로내용확인신고(일용직)

    - 25일 : 제1기 부가가치세 예정신고, 예정고지납부

    - 30일 : 일용근로소득 지급명세서, 간이지급명세서(근로소득, 거주자의

       사업소득) 제출

    - 30일 : 법인세 신고납부(성실신고)

    - 30일 : 법인 지방소득세 신고납부

5 5월

- 10일 : 원천징수분 법인세, 소득세, 지방소득세 납부, 4대보험료 납부

- 15일 : 고용·산재 근로내용확인신고(일용직)

- 31일 : 종합소득세

- 31일 : 일용근로소득 지급명세서, 간이지급명세서(근로소득, 거주자의 사업소득) 제출

- 31일 : 건강보험·국민연금 소득총액신고(개인)

- 31일 : 사업용계좌 변경 및 추가신고

6 6월

- 10일 : 원천징수분 법인세, 소득세, 지방소득세 납부, 4대보험료 납부

- 10일 : 부가가치세 주사업장 총괄납부 신청/포기신고

- 10일 : 사업자단위과세 신청/포기신고

- 15일 : 고용·산재 근로내용확인신고(일용직)

- 30일 : 종합소득세(성실신고대상사업자)

- 30일 : 사업용계좌신고

- 30일 : 반기별 원천세 납부 승인신청

- 30일 : 일용근로소득 지급명세서, 간이지급명세서(근로소득, 거주자의 사업소득) 제출

- 30일 : 해외금융계좌신고

- 30일 : 일감몰아주기, 일감떼어주기 증여세 신고

7 7월

- 10일 : 원천징수분 법인세, 소득세, 지방소득세 납부, 4대보험료 납부

- 15일 : 고용·산재 근로내용확인신고(일용직)

- 25일 : 제1기 부가가치세 확정 신고

- 31일 : 일용근로소득 지급명세서, 간이지급명세서(근로소득, 거주자의 사
  업소득) 제출

8 8월

- 10일 : 원천징수분 법인세, 소득세, 지방소득세 납부, 4대보험료 납부

- 15일 : 고용·산재 근로내용확인신고(일용직)

- 31일 : 법인세 중간예납 신고납부

- 31일 : 일용근로소득 지급명세서, 간이지급명세서(근로소득, 거주자의 사
  업소득) 제출

9 9월

- 10일 : 원천징수분 법인세, 소득세, 지방소득세 납부, 4대보험료 납부

- 15일 : 고용·산재 근로내용확인신고(일용직)

- 30일 : 일용근로소득 지급명세서, 간이지급명세서(근로소득, 거주자의
  사업소득) 제출

🔟 10월

- 10일 : 원천징수분 법인세, 소득세, 지방소득세 납부, 4대보험료 납부
- 15일 : 고용·산재 근로내용확인신고(일용직)
- 25일 : 제2기 부가가치세 예정 신고, 예정 고지 납부
- 31일 : 일용근로소득 지급명세서, 간이지급명세서(근로소득, 거주자의 사업소득) 제출

11️⃣ 11월

- 10일 : 원천징수분 법인세, 소득세, 지방소득세 납부, 4대보험료 납부
- 15일 : 고용·산재 근로내용확인신고(일용직)
- 30일 : 종합소득세 중간예납 신고납부
- 30일 : 일용근로소득 지급명세서, 간이지급명세서(근로소득, 거주자의 사업소득) 제출

12️⃣ 12월

- 10일 : 원천징수분 법인세, 소득세, 지방소득세 납부, 4대보험료 납부
- 10일 : 부가세 주사업장 총괄납부 신청/포기신고
- 10일 : 사업자단위과세 신청/포기신고
- 15일 : 고용·산재 근로내용확인신고(일용직)
- 31일 : 일용근로소득 지급명세서, 간이지급명세서(근로소득, 거주자의 사업소득) 제출

– 31일 : 반기별 원천세 납부 승인신청

※ 토요일, 일요일, 공휴일인 경우 그 다음날

정말 쉴 새 없이 세금을 낸다. 그나마 다행은 여기 적힌 모든 세금을 내는 것이 아니라 나의 사업 상태에 맞는 세금을 낸다는 것이다. 다음부터 하나씩 펼쳐질 스토리를 통해 가볍게 알아 나가 보자.

무슨 세금을 이렇게 많이 내나? : 세금의 종류

나중에 하나씩 자세히 살펴보기로 하고, 여기에서는 아주 기초적인 부분만 알아보자. 사업을 시작한다면 기본적으로 알고 있어야 할 세금의 종류에 대해서만 간단하게 짚어 보겠다.

예를 들어 서울에 살고 있는 내가 미국에 살고 있는 친구집에 간다고 하자. 가는 순서는 크게 보면 '우리집 → 인천공항 → 미국의 공항 → 미국의 친구집'이 될 것이다. 공항까지 가는 방법, 비행기 타는 방법처럼 자세한 설명은 나중에 할 것이니 여기에서는 대충 '세금의 종류에는 이런 게 있구나.' 정도만 알고 넘어가면 된다.

사업자등록

왕초보 사장님이 사업을 시작하면 가장 먼저 만나는 첫 번째 관문이다. 사람이 태어나면 출생신고를 하듯이, 사업을 시작하면 '나 이제부터 사업 시작합니다!'라는 의미로 사업자등록을 한다. 근처 세무서 민원실을 방문해서 사업자등록을 할 수도 있고, 홈택스(www.hometax.go.kr)를 통해 온라인으로 할 수도 있다.

사람으로 따지면 출생신고를 하고 주민등록번호를 부여받듯이, 사업자등록신청을 하고 사업자번호(10자리)를 부여받게 된다. 보통 사업자등록증을 받으면 대부분의 사장님은 다시 한 번 각오를 다지게 된다.

부가가치세

인간에게는 피할 수 없는 2가지가 있다고 한다. 하나는 죽음이고, 하나는 세금이다. 아직 학생이거나, 직장인이 아니라면 '소득이 있어야 세금을 낸다는데 과연 내가 세금을 내고 있나?'라고 생각할 수도 있다. 그렇게 느껴진다면 오늘 내가 마신 커피값 영수증, 점심식사 비용, 편의점 영수증을 살펴보자.

영수증에 부가가치세 얼마라고 적혀 있다면 나는 오늘 세금을 낸 것이다. 옷을 사서 입거나 물건을 구입할 때, 또는 음식을 먹을 때 우리가 지불하는 금액에도 세금이 포함되어 있다. 바로 우리가 가장 흔하게 접하는 세금인 부가가치세이다. 물건을 구입했다면 그 금액의 10%를 부가가치세(VAT)라고 보면 된다.

세금은 직접세와 간접세로 나누어진다. 직접세는 세금을 내는 사람이 본인의 세금을 직접 계산해서 납부하는 세금을 말한다. 대표적으로 (나중에 설명할) 법인세와 소득세가 있다. 간접세는 세금을 다른 사람을 통해서 내는 세금을 말한다.

- **직접세** : 세금을 세무서에 내는 사람도 나! 그 세금을 부담하는 사람도 나!
- **간접세** : 세금을 세무서에 내는 사람은 다른 사람! 그 세금을 부담하는 사람은 나!

담배를 살 때 부과되는 담배소비세, 술을 마실 때마다 내는 주세 등이 자기도 모르는 사이에 납부하고 있는 간접세이다. 그중에서도 부가가치세는 가장 대표적인 간접세이다.

간접세의 특징은 세금을 내는 사람이 본인이 얼마를 내는지 인지하기가 어렵다. 순댓국집에서 1만 원짜리 순댓국을 시켜 먹으면서 '아, 순댓국은 9,090원이고, 세금이 910원이어서 만 원을 내는구나. 나는 순댓국 한 그릇을 먹으면서 910원의 부가가치세를 내는구나.'라고 생각하며 먹는 사람은 없다. 내 돈 1만 원이 순댓국집 사장의 주머니 속으로 들어가는 것으로 생각한다.

순댓국집 사장은 내 돈 910원을 나 대신에 세무서에 갖다 내게 된다. 나는 순댓국집 사장님을 통해서 나의 세금을 낸 것이다. 이렇게 내가 소비하는 대부분의 비용에서 10%는 세금으로 내고 있었던 것이다. 어떤가? 놀랍지 않은가?

원천세

원천세란 선이자 떼듯이 누군가에게 돈을 주는 사람이 그 돈을 다 주지 않고 일부만 주고 나머지는 미리 세금으로 떼는 것을 말한다. 주변에서 가장 쉽게 찾아볼 수 있는 예가 월급이다.

직장인 월급은 유리지갑이라고 한다. 직장인이 받는 월급은 투명하게 전부 보인다고 해서 붙여진 말이다. 왜일까? 다음을 한번 살펴보자.

나초보 사장이 손 대리에게 월급을 줄 때, 월급에서 일부를 떼어 '이 돈은 손 대리 월급 중 일부입니다.'라고 나라에 신고를 하며 납부하게 된다. 나초보 사장이 이렇게 하는 것은 '손 대리에게 월급을 줬습니다.(난 손 대리에게 월급을 주느라 내 주머니에 이제 남은 돈은 별로 없습니다.)'라는 의미이다.

이렇게 함으로써 나초보 사장은 본인의 수익에서 손 대리에게 준 급여만큼을 비용으로 공제해서 세금을 줄이게 된다. 손 대리에게 월급이 전달되기도 전에 원천적으로 뗀다고 하여(원천징수) 원천세라고 한다.

종합소득세

개인사장님은 1년 동안 벌어들인 소득에 대해 신고를 하고 세금을 납부하게 된다. 사장님의 1년을 보았을 때 본인의 사업에서 벌어들인 소득도 있겠지만, 은행에 돈을 맡기고 받은 이자(이자소득)가 있을 수도 있고, 주식 투자를 해서 배당(배당소득)을 받았을 수도 있다. 또는 나이가 많아서 연금(연금소득)을 받았을 수도 있다.

종합소득세란 사장님의 이러한 모든 소득을 종합해서 신고하는 세금이다. 한 해 동안 벌어들인 소득에 대하여 5월(많이 번 사장님은 6월)에 신고한다.

법인세

법인이란 '법法'에서 만든 '사람人'이다. 우리와 같은 자연인이 아닌 법에서 사람을 만들어서 그 사람이 사업을 운영하는 형태가 바로 법인사업자이다. 법인세는 법인이 얻은 소득에 대해서 납부하는 세금이다. 법인은 각각의 절차를 다 지켜서 사업을 해야 하며 그에 따라 받는 혜택은 개인사업자보다 낮은 세율이다.

우리나라 대부분의 법인은 1년간의 소득을 다음 연도 3월에 신고한다(정확히는 사업연도 종료일로부터 3개월).

- **개인** : 개인종합소득세 → (개인)종합소득세
- **법인** : 법인종합소득세 → 법인(종합소득)세

사업자등록만 잘해도
세금이 준다

세금 줄이기 전에 알아야 할
사업자등록

'띵~동~' 화면의 번호가 36번을 나타내고 있다.

36번 번호표를 손에 쥔 나초보 씨는 '꿀~~꺽' 침을 삼키고 창구 자리에 앉는다.

태어나서 처음으로 와 보는 세무서이다. 분위기는 은행이나 주민센터와 비슷하다. 그렇다 하더라도 은행처럼 친절한 느낌도 없고, 주민센터처럼 편한 느낌도 없다. 그냥 낯설면서도 낯익은 그런 공간이다.

코로나도 끝난 것 같은데 아직 남아 있는 유리칸막이 너머 저쪽에 세무공무원이 앉아 있다. 세무공무원이 앞에 있는 마이크에 대고 말하자, 유리칸막이에 붙어 있는 작은 스피커로부터 기계음이 섞인 목소리가 들려온다.

"무슨 일로 오셨어요?"

"제가 이제 사업을 시작해서요. 사업자 내려고요."

"사업자등록 신청서랑 신분증 주세요."

자동응답기의 대답처럼 무미건조한 요청에 나초보 씨는 조금 전에 어렵게 작성한 사업자등록증 신청서와 신분증을 내밀었다. 모니터만 응시하고 있는 공무원은 서류를 받아서 찬찬히 살펴보더니, 서류가 더 없는지 물었다.

"임차예요? 임대차계약서도 주세요."

'이런… 안 가져왔는데?'

나초보 씨는 조금 당황했다.

"안 가져왔는데요?"

"임대차계약서가 필요해요. 팩스로 받을 수 있으면 저기 있는 팩스로 받아서 주세요."

공무원은 민원실 한쪽 벽에 있는 팩스기를 가리켰다.

나초보 씨는 고민했지만 지금 임대차계약서를 보내줄 마땅한 사람이 없어서 포기했다. 헛걸음 쳤다 여기고선 다음에 와야겠다고 생각했다.

세무서를 나오며 나초보 씨는 오래전부터 알고 지내는 세무사에게 전화를 걸었다.

"나 사장님, 안녕하세요!"

스마트폰 저쪽에서 반가운 목소리가 들려왔다.

나초보 씨는 말했다.

"세무사님, 안녕하세요. 혹시 사업자등록할 때 임대차계약서도 필요해요?"

"당연하지요. 혹시 안 챙겨 가셨어요?"

"깜빡했어요."

"차라리 잘됐어요. 어차피 다른 것도 더 확인해 볼 게 있으니까 오늘 저녁에 만나서 다시 얘기하시죠."

"네."

TIP

최근 세무서 민원실에는 민원인을 위한 팩스기가 놓여 있다. 깜빡하고 제출할 서류를 안 가져왔을 때에는 팩스로 받아서 제출하면 된다.
스마트폰에 사진으로 보관되어 있는 파일이라면 세무공무원에게 스마트폰화면을 보여 주는 것보다, 스마트폰 팩스 앱을 이용하여 사진파일을 민원실 팩스로 전송하면 출력된 서류로 제출할 수 있다.
인터넷 검색창에 '무료팩스앱'이라고 검색하면 여러 추천 앱이 검색되니 골라서 사용하면 된다.

사업자등록을 할 때 필요한 서류

① 사업자등록신청서

② 임대차계약서

③ 신분증

④ 사업허가증·등록증 또는 신고필증 사본 1부(허가를 받거나 등록 또는 신고를 해야 하는 사업의 경우)

⑤ 동업계약서 : 동업일 경우

　　다음은 초보자들이 많이 묻는 질문들이다.

Q. 사업자등록은 꼭 해야 하나요?

사업을 시작하게 되면 아니, 사업을 하려고 마음먹으면 바로 사업자등록을 하는 것이 좋다. 사업을 하게 되면 매출이 발생하여 돈이 들어오기도 하지만, 그 이전에 상품을 구입하거나 인테리어 같은 시설투자비용과 같은 매입이 발생하여 돈이 들어가게 된다. 이렇게 매출은 없지만 매입이 있는 경우에는 사업자등록을 해 놓아야 부가가치세 환급을 받을 수 있다.

　　보통 사업을 준비하는 기간인 사업 초기에는 수익보다는 비용이 많이 발생한다. 이러한 경우에 비용인정과 부가가치세 환급은 사업자등록을 해야 제대로 인정받을 수 있다. 법에서 규정하고 있는 '사업자'란 사업상 독립적으로 재화 또는 용역을 공급하는 자로서, 그 공급 행위가 계속적이고 반복적인 것을 의미한다. 따라서 모든 사업자는 사업을 시작할 때 반드시 사업자등록을 해야 한다. 만약 여러 개의 사업을 운영한다면 사업장 단위 하나하나마다 사업자등록을 해야 한다.

Q. 사업을 시작하기 전에도 사업자등록이 가능한가요?

사업을 시작하기 전에 상품이나 시설 자재 등을 구입하는 경우 또는 인테리어 등을 하는 경우에는 미리 사업자등록증을 받을 수 있다. 세금계산서를 받기 위해서 예외적으로 사업 개시 전에 사업자등록을 할 수 있다. 이때에는 사업을 개시할 것이 객관적으로 확인되어야 해서 사업계획서와 같은 서류가 필요할 수도 있다.

Q. 당근마켓에서 중고물품을 판매할 때에도 사업자등록을 해야 하나요?

세법에서 개인간 거래에 대해서는 세금이 발생하지 않는다. 당근마켓, 중고나라, 번개마켓 등 온라인 중고거래 플랫폼을 통해서 판매하는 개인간 중고물품거래에 대해서는 사업자등록을 하지 않아도 된다. 그러나 이것은 어디까지나 개인이 판매하는 일시적·우발적으로 발생하는 중고거래에 한해서이다. 전문적으로 물품을 판매하는 사업자가 계속적·반복적으로 물건을 판매하게 된다면 반드시 사업자등록을 해야 한다.

최근에는 당근마켓과 같은 온라인 중고거래 플랫폼에서 거래

되는 내용에 대하여 국세청에 보고하게끔 법이 바뀌었다. 사업자 등록을 하지 않은 상태로 계속 반복적으로 판매하면 문제가 될 수 있으니 주의해야 한다.

Q. 사업자등록을 하지 않고 판매하다가 걸리면 어떤 불이익이 있나요?

세법에서 정의하는 사업자란 사업상 독립적으로 재화 또는 용역을 공급하는 자로, 그 공급 행위가 계속적·반복적인 사람을 말한다. 사업자가 사업자등록을 하지 않고 사업을 하다가 적발되는 경우에는 다음의 페널티가 있다.

① 사업자등록 미등록 가산세 : 공급가액 × 1%

② 세금 무신고가산세 : 무신고납부세액 × 20%

③ 세금 납부지연 가산세 : 미납액 × 22/100,000 × 미납일수

만약 사업자등록을 하지 않은 갑이 1년간 매출이 1억 원(공급가액)이고 국세청에 1년 후 적발되었을 경우를 가정해 보자. 고려해야 할 변수가 많지만 최대한 단순하게 가정해 보면 다음과 같다.

① 사업자등록 미등록 가산세 . 1억 원 × 1% = 100만 원

② 부가세 무신고가산세 : 1억 원 × 10%(부가세) × 1.2(추가가산세) = 1,200만 원

③ 부가세 납부지연 가산세 : 1,000만 원(부가세) × 22/100,000 × 365

　일(가정) = 약 80만 원

④ 종소세 무신고가산세 : (1억 원 × 35% − 1,544만 원) × 1.1(지방세) ×1.2(추

　가가산세) = 약 2,580만 원

⑤ 종소세 납부지연 가산세 : 21,516,000원 × 22/100,000 ×365일(가

　정) = 약 170만 원

　적발되었을 경우 총 4,130만 원가량 된다. 물론 갑의 사정에 따라 세금이 더 나올 수도, 적게 나올 수도 있지만 배보다 배꼽이 더 큰 상황이 될 수 있으니 사업자등록은 반드시 하자.

　게다가 부가가치세 매입세액도 공제받을 수 없다. 사업자등록을 하지 않으면 세금계산서를 교부받을 수 없어 상품을 구입할 때 부담했던 부가가치세를 공제받지 못하게 된다.

Q. 사업자등록증 발급은 신청하고 얼마 만에 받을 수 있나요?

사업자등록증은 원칙적으로 신청한 뒤 3일 이내에 교부된다. 그러나 실무에서는 특별한 사유가 없다면 신청하면 그 자리에서 바로 발급되는 경우가 많다. 추가적으로 확인이 필요한 사업자(명의위장 의심, 신용카드 위장가맹 혐의 등)라면 실제로 현지 확인을 하는 경우도 있다.

창업할 때 허가, 신고, 등록을
미리 해야 하나요?

Q. 작은 학원을 차리려고 합니다. 그런데 세무서에 사업자등록을 내러 갔는데 교육지원청에 등록을 먼저 하고 등록증을 가지고 오라고 합니다. 어디에서 어떻게 받는 건가요? 학원 등록은 많이 어렵나요?

허가, 신고, 등록 업종은 사업자등록신청을 하기 위해서 관할부서에서 관련 서류를 먼저 받아야 한다. 허가업종은 허가증, 신고업종은 신고필증 사본, 등록업종은 등록증을 준비해야 한다. 따라서 약국·음식점·학원 등 허가, 신고 또는 등록을 해야 하는 업종인 경우 관련 인허가기관으로부터 먼저 허가 등을 받아야 한다.

학원의 경우에는 등록증이 필요한 업종에 속한다. 세무서에서는 사업자등록에 대한 업무를 진행할 뿐이다. 인허가에 대한 내용은 관련 기관에서 확인할 수 있다. 학원업 외에도 업종에 따라 사업자등록에 필요한 인허가 내용은 확인해 보아야 한다.

다양한 업종 중에서 몇몇 업종의 필요 서류를 살펴보면 다음과 같다. 여기에 없는 내용이라 하더라도 필요한 허가, 신고, 등록사항은 홈택스의 사업자등록신청 화면에서 검색해서 확인해 볼 수 있다.

음식점업(영업신고증 필요)

음식점업의 경우 시청, 구청 등에서 영업신고증을 받아서 제출해야 한다. 영업신고증을 발급받기 위해서는 위생교육에 대한 수료 외에도 보건증, 수질검사 성적서 등 구청마다 관련 서류를 필요로 하므로 관할 지역 식품위생과에 필수 서류를 먼저 확인한 후 신청해야 한다.

학원업, 교육서비스업(등록증 필요)

학원 등을 운영하기 위해서는 교육지원청에 신고하고, 학원설립운영등록증을 받아야 한다. 학원은 등록해야 하는 사업이므로 교부받은 학원등록증의 사본을 함께 제출해야 한다. 사업자등록신청서의 등록에 표시히면 된다.

업태는 교육서비스업이라고 적고, 주 종목에 보습학원, 외국어학원, 입시학원 등 자세한 내용을 기재하면 된다. 학원업 등록과 관련된 자세한 내용은 가까운 교육지원청 평생교육과에서 확인할 수 있다.

전자상거래업(통신판매업 신고필증 필요)

온라인에서 물건 등을 판매하는 전자상거래업을 운영하기 위해서는 통신판매업 신고를 해야 한다. 시, 군, 구청에 신고하면 된다. 정부24에서도 온라인 신청이 가능하다. 다만, 통신판매업과 같은 경우에는 간이과세자 또는 거래횟수나 거래금액이 적은 경우라면 신고 의무가 면제된다.

건설업(건설업면허증 필요)

건설업을 운영하기 위해서는 관련 면허가 필요하다. 종합공사를 시공하는 업종이라면 종합건설면허, 전문 공사를 시공하는 업종이라면 전문건설면허로 구분되어 있다. 건설업 내에서도 업종에 따라 자본금의 규모와 기술자 고용 유무, 사무실, 보증가능금액 확인 등의 요건을 다르게 갖추어야 한다. 시, 군, 구청에 건설업 등록을 한다.

출판업(등록증 필요)

출판업은 관할 시청 또는 구청에 출판사 이름, 사무실 주소 등을 신고하고 출판업으로 등록해야 하는 업종이다. 시청 또는 구청의 문화과 또는 문화체육과에서 처리하며 신고시 임대차계약서, (법인)등기부등본, (법인)인감증명서 등이 필요하다.

미용실, 뷰티숍(신고필증 필요)

미용실이나 뷰티숍과 같은 경우에는 공중위생관리법상 미용사 면허증이 필요하다. 미용사 면허증은 위생관리과 또는 위생정책과 같은 시청 혹은 구청의 위생과 관련된 과에 신청한다. 미용사 면허증으로 미용업과 피부업 모두 운영할 수 있다. 미용사 면허증이 있으면 관할 보건소에 미용업 영업 신고를 하고, 이후 세무서에 사업자등록신청을 하여 사업자등록증을 발급받을 수 있다.

만약 허가(신고, 등록) 전에 사업자등록신청을 해야 하는 경우에는 허가(신고, 등록)신청서 사본 또는 사업계획서를 제출하고 추후 허가(신고, 등록)증 등의 사본을 제출할 수 있다.

허가 업종, 신고 업종, 등록 업종의 예시

허가 업종	신고 업종	등록 업종
- 단란주점 - 유흥주점 - 부동산중개업 - 숙박업 - 성인오락실 - 신용정보업 - 의약품 도매상 - 의약품 및 의료용구 제조업 - 폐기물처리업 - 중고자동차매매업 - 주유소, 석유판매 - 유료직업소개소 - 먹는샘물 제조업 - 용역경비업 - 유료 노인복지시설 - 전당포업 - LP가스 충전업 - 식품 제조 가공업 - 경비업 등	- 일반음식점 - 휴게음식점 - 목욕탕 - 세탁소 - 이미용실 - 제과점 - 당구장 - 세탁업 - 위생관리용역업 - 장난감 제조업 - 장례식장업 - 체육시설업 - 화장품 제조업 - 건강기능식품일반판매업 - 결혼중개소 - 교습소 - 동물병원 - 산후조리원 등	- 독서실 - 공연장업 - 다단계판매업 - PC방 - 비디오방, DVD방 - 약국 - 안경업 - 의원 - 학원 - 동물의약품 제조업 - 무역업 - 인쇄업 - 건설기계매매업 - 공인중개사 - 관광숙박업 - 건축사 - 노래연습장업 - 담배수입판매업 - 대부중개업 - 독서실 - 보험대리점 - 일반여행업 등

사업자등록번호의 의미

사업자등록을 하고 사업자등록증을 받아보면 위에 10자리의 숫자가 적혀 있다. 이 숫자는 개인의 주민등록번호와 같은 개념이다. 앞으로 많이 사용하게 될 테니 외워 두도록 하자.

등록번호 10자리(×××-××-×××××)는 각각의 위치에 따라 의미하는 바가 있다. 예를 들어 사업자등록번호가 '123-45-67890'일 경우 각 자리가 의미하는 것은 다음과 같다.

- 일련번호 코드(앞 3자리 : 123)

신규개업자에게 사용 가능한 번호 101~999를 순차적으로 부여한다. 예전에는 앞 3자리는 지역을 의미했다. 가장 첫 자리는 관할 지방국세청을 의미하고, 뒤의 2자리는 세무서를 의미했다. 예를 들어 서울 영등포에 사업장이 있는 사람이 사업자등록을 하면, 서울지방국세청 코드 '1'과 영등포세무서 코드 '07'을 합하여 앞의 3자리는 '107'로 시작했다.

- 개인/법인 구분 코드(중간 2자리 : 45)

1. 개인 구분 코드

① 개인과세사업자는 특정 동 구별 없이 01~79를 순차적으로 부여한다.

② 개인면세사업자는 산업 구분 없이 90~99를 순차적으로 부여

한다.

③ 소득세법 제2조 제3항에 해당하는 법인이 아닌 종교단체 : 89

④ 소득세법 제2조 제3항에 해당하는 자로서 종교단체 이외의 자
(아파트관리사무소 등) 및 다단계판매원 : 80

2. 법인 성격 코드

법인에 대하여는 성격별 코드를 구분하여 사용한다.

① 영리법인의 본점 : 81, 86, 87, 88

② 비영리법인의 본점 및 지점(법인격 없는 사단, 재단, 기타 단체 중 법
인으로 보는 단체 포함) : 82

③ 국가, 지방자치단체, 지방자치단체조합 : 83

④ 외국법인의 본·지점 및 연락사무소 : 84

⑤ 영리법인의 지점 : 85

- 일련번호 코드(뒤 4자리 : 6789)

과세사업자(일반과세자·간이과세자), 면세사업자, 법인사업자별로
등록 또는 지정일자 순으로 사용 가능한 번호를 0001~9999로 부
여한다.

- 검증번호(마지막 1자리 : 0)

전산시스템에 의하여 사업자등록번호의 오류 여부를 검증하기 위

하여 1자리의 검증번호를 부여한다.

사업자등록번호로 거래상대방의 상태를 확인하는 방법

사업을 하다 보면 세금계산서 등의 영수증을 주고받는데, 상대방이 세법상 문제없는 사업자여야 나도 그 영수증을 인정받을 수 있다. 예를 들어 상대방이 거짓으로 사업자인 척하며 세금계산서를 주는 경우가 있다. 이럴 때 상대방이 세법상 문제없는 사업자인지 확인해 보는 방법이 있다.

　[홈택스 → 상담·불복·고충·제보·기타 → 사업자상태 → 사업자상태 조회(사업자등록번호)]에서 상대방의 상태를 확인해 볼 수 있다. 상대방이 휴업, 폐업, 간이과세자로 나오게 되면 나는 부가세 공제를 받지 못하게 되니 주의해야 한다.

업종 선택만 잘해도
세금 덜 낼 수 있다

늦은 오후, 나초보 씨와 철훈은 평소 자주 가던 곳에서 만나 나초
보 씨의 카페 창업에 대하여 이야기를 나누었다.

"오늘 사업자등록하러 갔던 거예요? 세무서 가기 전에 미리 전
화를 주시지 그랬어요. 그럼 준비 서류들을 알려 줬을 텐데요."

"그러게 말이에요. 자신 있게 갔다가 그냥 다시 돌아왔지 뭐에
요. 내일이라도 다시 가려는데, 이것 잘 썼는지 좀 봐 주세요."

나초보 씨는 오늘 제출하려던 신청서를 건넸다.

철훈은 신청서를 살펴보고 말을 꺼냈다.

"업종코드가… 잘못된 것 같네요."

업종코드? 그게 뭐지?

사업의 종류는 셀 수도 없이 많다. 국세청에서는 이러한 사업을
비슷한 종류별로 분류하여 관리를 한다. 예를 들어 음식점은 음식
점끼리 구분하여 평균을 내고, 제조업은 제조업끼리 모아서 평균
을 낸다. 그리고 각각의 사업 종류에 따라서 6자리의 번호를 부여
하여 관리한다. 이것이 '업종코드'이다.

예를 들어 커피전문점의 업종코드는 '552303', 원두커피도매의
업종코드는 '512273', 커피소매의 업종코드는 '522096'이다.

업종코드가 중요한 이유는 국세청에서 이 업종코드를 기준관

리하며, 이 업종 경비의 평균을 정해 놓았기 때문이다. 이를 '경비율'이라고 한다. 사업 장부를 기록해 두지 않았을 때나 국세청에서 세금을 부과할 때 이 경비율을 사용한다. 쉽게 말해, 카페에서 1억 원을 벌면 원가가 얼마겠구나를 일종의 통계로 만들어 놓은 것이라고 보면 된다.

예를 들어 보자. 1억 원의 매출이 있다고 할 때 국세청에서 정한 경비율이 90%라고 한다면, 비록 기록하지는 않았지만 1억 원의 매출을 위해서는 9,000만 원 정도는 경비로 들어간다고 판단하고, 남은 이익은 1,000만 원이라고 여겨 1,000만 원에 대한 세금을 내게 된다. 따라서 경비율이 높을수록 세금을 적게 내게 된다.

하지만 실제 매출에 맞게끔 신고해야 한다. 도매업의 경비율이 높다고 해서 도매로 벌어들인 매출이 아닌데도 도매업의 경비율을 적용하여 수입으로 신고를 하면 탈세가 될 수 있으니 주의해야 한다. 또한 업종코드는 주된 업종과 부된 업종으로 구분하여, 둘 이상으로도 신고가 가능하다.

국세청 홈택스 홈페이지에서 본인의 사업과 관련된 내용을 검색하면 업종코드와 이에 따른 경비율을 확인할 수 있다.

좀 더 범위를 넓혀서 더 알아보면 커피숍 컨설팅의 업종코드는 '741400', 커피숍 인테리어의 업종코드는 '452106'이다.

사업의 내용에 따른 업종을 어떠한 것으로 신고하느냐에 따라서 다음과 같이 소득금액의 차이가 있다.

1억 원의 매출에 대하여 장부 기록을 안 했을 경우

	커피전문점 (552303)	커피, 차류 도매 (512273)	커피, 차류 소매 (522096)
매출액	1억 원	1억 원	1억 원
경비율	87.5%	94.6%	88.5%
(추정)경비	8,750만 원	9,460만 원	8,850만 원
(추정)이익	1,250만 원	540만 원	1,150만 원

"대표님, 대표님 카페에서 실제로 다른 카페에 커피원두도 제공할 거지요?"

철훈이 물었다.

사실 나초보는 커피 분야에 오랜 기간 몸담아 와서 우리나라에서 손꼽히는 바리스타이다. 나초보가 제공하는 원두만으로도 구입하려는 카페가 줄 서 있을 정도라서 커피원두도 판매할 예정이었다.

"네, 그럼 도매업도 넣으면 이익이 가장 적게 잡히니 도매업이랑 소매업도 추가하면 되겠네요?"

"잠깐만요, 아직 고민해야 할 게 남아 있어요."

철훈은 잠시 나 사장이 가져온 콜드브루를 한 모금 마시고 나서 말을 꺼냈다.

홈택스에서 업종코드 조회하는 방법

홈택스 검색창에서 '업종코드'를 검색한다.

사업자등록증의 업종(업태, 종목) 명칭 정하기

사업자등록증에는 그 사업의 업태와 종목이 표시된다. 하지만 최근에는 새로운 형태의 업종이 생겨나는 추세이므로 사업자등록증에 업태와 종목의 표시가 원하는 대로 적혀 나오지 않을 수 있다.

각각의 사업 성격상 사업자등록증에 표시되어야 하는 업태와 종목의 문구가 정해져 있다면 사업자등록신청 시 잘 적어야 한다. 세무서를 직접 방문하는 경우에는 담당자에게, 홈택스를 이용하여 신청하는 경우에는 업종설명란에 원하는 내용을 잘 적어서 본인이 원하는 업태와 종목의 명칭이 적힌 사업자등록증을 발급받으면 된다.

일반과세자로 세금 돌려받을까?
간이과세자로 세금 안 낼까?

"대표님, 초기자금을 얼마나 투자하는 거예요? 인테리어랑 커피머신에요."

"네? 보증금이랑 다 해서요?"

"아니요. 보증금은 빼고요."

"한 6~7천? 어차피 내가 하려는 건 프랜차이즈 브랜드 커피가 아니어서요."

"대표님, 업종코드 정하는 것 말고도 고민해야 할 게 있어요. 일반으로 시작하는 게 좋을지, 간이로 하는 게 좋을지요."

"일반? 간이? 그게 뭔데요?"

사장님들이 사업을 시작할 때 많이 헷갈려하는 부분이 바로 본인의 사업을 일반과세자로 신청할지, 간이과세자로 신청할지다. 이번에는 일반과세자로 사업을 시작하는 것이 좋은지, 간이과세자로 사업을 시작하는 것이 좋은지 알아보도록 하자.

그 전에 먼저 알아야 하는 것이 있다. 바로 과세, 면세이다. 사업자등록을 관리하는 부가가치세법에서는 사업을 과세사업과 면세사업으로 구분해 놓았다. 우리가 주변에서 접하는 대부분의 사업은 부가가치세 과세사업이다. 면세사업은 병원, 출판사, 학원처럼 법에서 정한 몇몇 가지의 사업이다.

사업자의 구분

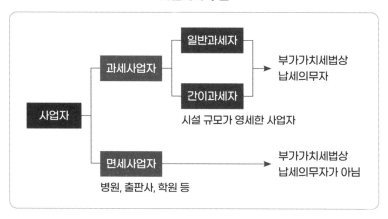

따라서 본인이 세금면제를 받고 싶다고 해서 면세사업으로 신청할 수 있는 것이 아니다. 본인의 사업이 면세사업에 해당하지 않는다면 개인사장님은 과세사업자가 되며, 그 안에서 다시 간이과세자와 일반과세자로 나뉜다.

면세사업자 : 부가가치세만 면제

면세사업자는 부가가치세 납부의무가 면제된 사업자를 뜻한다. 내가 하는 사업이 세금 면제되는 것이라면 좋겠지만, 내가 신청을 해서 면제를 적용받을 수 있는 것이 아니다. 국민기초생활 등과 관련히여 나라에서 성한 재화 또는 용역에만 면세 혜택을 준다. 대표적으로 면세가 적용되는 재화와 용역은 다음과 같다.

- **기초생활필수재화·용역** : 미가공식료품, 수돗물, 연탄과 무연탄, 주택과 그 부수토지 임대용역 등
- **국민후생 재화·용역** : 의료보건용역, 혈액, 교육용역 등
- **문화 관련 재화·용역** : 도서, 신문, 예술창작품, 예술행사, 도서관, 박물관, 미술관 등
- **부가가치 구성 요소** : 토지의 공급, 금융보험용역, 일정한 인적용역

면세사업자는 부가가치세 신고납부의무만 면제된 것이므로 면세사업자 본인이 물건 등을 구입할 때 포함되어 있는 부가가치세는 내야 한다. 예를 들어 편의점에서 과자를 팔면서 고객에게 "면세사업자인가요? 면세사업자면 부가세 빼고 10% 싸게 드릴게요."라고 물어보지 않는 것과 같다.

또한 면세사업자의 면세는 부가가치세에만 적용되므로 개인사장님이라면 '소득세'는 신고납부해야 한다. 마찬가지로 법인사업자라면 '법인세'는 신고납부해야 한다. 면세사업자는 부가가치세 신고를 하지 않기 때문에 매년 2월 10일까지 사업장현황신고를 해야 한다.

간이과세자 : 영세한 사업자에 대한 혜택

앞에서 말한 대로 면세사업자가 아니라면 부가가치세 과세사업자이다. 부가가치세 과세사업자는 다시 일반과세자와 간이과세자 둘로 나뉘는데, 간이과세자는 주로 사업 규모가 영세한 사업자를

말한다. 일반과세자는 간이과세자도 아니고, 면세사업자도 아닌 사업자를 말한다.

간이과세자는 사업 규모가 영세하기에 세금신고도 쉽게 할 수 있으며, 세금도 적게 납부할 수 있다는 장점이 있다. 하지만 환급 금액이 발생한다고 해도 환급을 받을 수는 없다.

간이과세자가 되기 위한 요건은 다음과 같다.

① 간이과세자는 개인사업자만 가능하다. 따라서 법인사업자는 간이 과세자가 불가능하다.
② 1년간의 매출액이 8,000만 원 미만이어야 한다.
③ 규모상, 지역상, 업종상 등의 이유로 간이과세를 미적용하는 사업이 아니어야 한다.

일반과세자와 간이과세자의 차이

	간이과세자	일반과세자
세금계산서 발행	일부 가능	가능
신고납부	1월 신고납부 7월 신고×, 납부(고지서)	**법인** - 1월/4월/7월/10월 신고납부 **개인** - 1월/7월 신고납부 - 4월/10월 신고×, 납부(고지서)
납부의무 면제	연 매출액이 4,800만 원 미만이 면 부가가치세 납부가 면제됨	해당 없음
가능 업종	주로 소비자 상대 업종	모든 업종

간이과세자로 신청하고
세금 줄이기

작은 베이커리를 오픈할 예정인 이 사장은 혼자서 작게 운영할 생각이라 매출이 크지 않을 것으로 예상되었다. 나름 꼼꼼히 따져보니 간이과세자가 유리할 것 같아서 간이과세자로 신청하려고 결정하고, 사업자등록증을 발급받기 위해 세무서를 방문했다.

간이과세자의 혜택

① 간이과세자는 일반과세자가 납부하는 부가세의 15~40% 정도만 납부한다.
② 연매출이 4,800만 원 미만인 경우에는 아예 부가세 납부의무가 면제된다.

간이과세는 사업규모가 영세한 사업자에 대하여 세법 지식이나 장부 작성 능력이 부족한 점 등을 감안하여 일정한 편의와 혜택을 주는 것이기에 아무나 할 수는 없다. 간이과세자를 할 수 있는 조건은 다음과 같다.

간이과세자의 조건

① 연매출 8,000만 원 미만일 것
② 다음의 업종이 아닐 것

- 광업, 제조업(과자점, 떡방앗간, 양복·양장·양화점은 가능)

- 도매업, 도소매업 및 상품중개업, 부동산매매업

- 전기·가스·증기 및 수도사업

- 건설업(도배업, 인테리어 공사업 등은 가능)

- 전문·과학·기술서비스업, 사업시설 관리·사업지원 및 임대 서
  비스업(개인 및 가정용품 임대업, 인물사진 촬영업 등은 가능)

- 시 이상 지역의 과세유흥장소

- 시 이상 지역에 소재하는 일정 규모 이상의 부동산임대업

- 둘 이상의 사업장의 직전 연도 공급대가의 합계액이 8,000만
  원 이상인 사업자(부동산임대업 또는 과세유흥장소는 4,800만 원)

- 전문직 사업자

- 국세청장이 정한 간이과세 배제기준에 해당하는 사업자

- 현재 일반과세자로 사업을 하고 있는 자가 새로 사업자등록
  을 낸 경우(단, 개인택시, 용달, 이·미용은 가능)

- 일반과세자로부터 포괄 양수받은 사업

③ 업종, 규모, 지역 등을 고려하여 간이과세로는 운영할 수 없을
  것으로 보이는 사업자는 간이과세가 불가능하다.

동업하면
세금이 반이다

따라란딴 따라라라~

철훈의 스마트폰이 울렸다.

나초보 사장이었다.

"네, 대표님~."

철훈은 전화를 받았다.

"세무사님, 제가 물어볼 게 있어서요. 지금 후배 준석이랑 같이 있는데, 사업을 혼자 하는 것보다 자기랑 같이 동업을 하면 세금을 줄일 수 있다고 하는데, 이게 맞는 거예요?"

준석이는 철훈도 한 번 본 적 있는 나 사장의 후배이다. 뺀질대는 성격이라 같이 동업하기에는 세금 말고도 고민거리가 많아질 것 같아서 일단 즉답을 피했다.

"네, 틀린 말은 아닌데요. 동업은 세금 말고도 고려해야 할 게 많으니까 이따 저녁에 잠깐 보시죠. 만나서 자세히 설명해 드릴게요."

철훈은 저녁에 카페에 들러 나 사장에게 동업에 대한 장단점을 설명했다.

사업을 할 때에는 단독으로 하는 경우도 있고, 누군가와 함께 동업으로 시작할 수도 있다. 소득세는 누진세율 구조이다. 누진세 구조는 1명이 많이 벌어 세금을 내는 것보다 2명 이상이 나눠서 벌면 그 세금을 합친 금액이 더 적게 납부하는 시스템이다. 예를 들어 나초보 사장 혼자서 1억 원의 소득이 있는 것보다 나초보 사장과 준석이 5,000만 원씩의 소득이 발생하면 세금을 적게 내게 된다. 다음의 그림을 보자.

단독 사업 VS 동업

	단독 사업할 경우	동업할 경우	
	나초보	나초보	준석
소득금액	혼자 1억 원	각 5,000만 원	5,000만 원
세율구간	35%	24%	24%
계산방법	1억 원 × 35% - 1,490만 원	5,000만 원 × 24% - 522만 원	5,000만 원 × 24% - 522만 원
산출세액	20,100,000원	6,780,000원	6,780,000원

➕ 13,560,000원

6,540,000원 차이

"대표님, 대표님께서 혼자 1억 원을 벌었을 때보다 동업으로 해서 둘이 5,000만 원씩 벌게 되면 세금은 654만 원이 줄어들어요. 세금 측면으로 봐서 이익인 것은 맞아요. 그런데 동업이라는 것은 단순히 세금 크기만으로 결정하면 나중에 문제가 될 수 있기에 신중히 생각해야 해요.

사업을 운영하면서 단순히 세금이 얼마가 나오는가보다 더 중요한 게 사업 파트너와의 사업궁합이거든요. 한쪽은 열심히 일하는데 다른 한쪽은 그렇지 않다고 하면 불화가 생기게 되고 스트레스가 쌓이게 돼요. 차라리 절세 방법을 다른 곳에서 찾고 혼자 운영하는 게 더 좋을 수도 있어요."

철훈은 예전에 나 사장을 통해 준석에 대한 이야기를 들었을 때 무임승차를 자주 한다는 느낌을 받은 적이 있어서 조언했다.

"알겠어요. 진지하게 고민해 볼게요."

며칠 후 나 사장은 준석에게 거절 의사를 밝히고 혼자서 사업을 하기로 했다.

동업은 장단점이 있다. 서로 부족한 부분을 보완하며 사업을 일구어 나간다면 도움이 될 수 있지만, 단순히 세금을 적게 내기 위해서라면 세금 외적인 부분에서 갈등이 많이 발생한다. 그래도 꼭 동업을 해야 한다면 최소한 동업계약서를 꼼꼼하게 작성하고 시작해야 나중에 문제의 소지를 줄일 수 있다.

계약서는 애매한 부분을 서로 명확하게 해 놓아야 추후에 분쟁의 소지가 줄어든다. 좋은 게 좋은 게 아니므로 최대한 구체적으

동업계약서

○○○(이하 "갑" 으로 칭함)과 ○○○(이하 "을" 이라 칭함)의 동업에 대하여 아래와 같이 계약을 체결한다.

【제1조】 "갑 "과 "을 "은 공동 운영자로 한다.

【제2조】 사업장은 <u>서울특별시 송파구 문정동 ○○○</u> 이다.

【제3조】 동업자 "갑" 은 <u>오천만</u> 원(₩ <u>50,000,000</u>),
"을" 은 <u>오천만</u> 원(₩ <u>50,000,000</u>)의 금액을 출자하며,
손익분배를 "갑" 은 <u>50%</u> , "을" 은 <u>50%</u> 로 한다.

【제4조】 영업상 발생하는 사고 및 제반문제에 대해서는 손익분배비율로 책임진다.

【제5조】 "갑" 과 "을" 중 어느 일방이 동업기간내에 탈퇴하고자 할 때는 탈퇴시점까지 채권, 채무를 정산한 후 나머지는 동업자간 합의하에 결정한다.

【제6조】 상기 제반사항 이외에는 일반 상거래 관행에 따른다.

【제7조】 상기 제반사항을 확실히 하기위해 "갑" 과 "을" 은 서명날인하면 동업계약서를 1부씩 보관한다.

20○○ 년 ○ 월 ○ 일

(갑) 성　　　명 :　　　　　　(인)
　　　주민등록번호 :
　　　주　　　소 :

(을) 성　　　명 :　　　　　　(인)
　　　주민등록번호 :
　　　주　　　소 :

※ 상황에 맞게 편집하여 사용하시기 바랍니다.

로 명확하게 작성해 놓아야 한다. 사업자등록신청 때에도 동업이라면 동업계약서를 반드시 제출해야 하니, 동업계약서는 꼭 작성

해야 한다.

공동 대표로 동업할 경우 세금 부과

부가가치세

부가가치세는 사업장 단위 개념이다. 따라서 공동 대표가 2명이든, 3명이든 부가가치세는 사업장 하나를 기준으로 나오게 된다.

법인세

법인세는 법인에 대하여 나오는 세금이다. 따라서 법인 내에서 공동 대표가 2명이든, 3명이든 법인세는 법인 하나를 기준으로 나오게 된다.

종합소득세

종합소득세는 자연인인 사람 1명에 대하여 나오는 세금이다. 따라서 공동 대표로 사업을 진행하고 있다면 대표자 수만큼 종합소득세가 나오게 된다. 종합소득세는 소득이 크면 클수록 세금이 더 커지는 누진세 구조이다. 따라서 공동 대표로 하여 소득을 분산시키면 종합소득세를 줄이는 효과가 있다.

동업 시 이자비용

사업과 관련하여 금융기관에서 대출을 받았다면 대출이자를 비용으로 인정받아 소득세를 줄일 수 있다. 그러나 동업을 할 때에는 대출이자를 비용으로 인정받지 못하는 경우도 있으니 주의해야 한다.

예를 들어 갑과 을이 각각 5,000만 원을 투자하여 동업을 시작했는데 1년 후 추가로 사업자금이 필요하여 사업과 관련한 대출을 받았다면 대출이자를 비용으로 인정받을 수 있다. 그러나 갑과 을이 각각 5,000만 원씩 투자하기로 했는데 을은 본인 돈이 2,000만 원밖에 없어서 3,000만 원을 대출받았다면 대출이자를 비용으로 인정받을 수 없다.

세법에서는 사업에서 이 돈이 필요한 게 아니라 을이 동업에 참여하기 위하여 받은 을 개인의 대출로 보기 때문이다. 동업과 관련하여 받은 대출과 대출이자로 인정받기 위해서는 세무서에 제출하는 동업계약서에 출자금액을 명시하는 것이 도움이 될 수 있다.

원천세

원천세는 대가 등을 지불할 때 지급하는 주체가 납부해야 하는 세금이다. 따라서 지급하는 주체가 공동 대표가 지급하는 것이 아닌 사업체에서 지급하는 것이라면 사업체 하나에 대하여 원천세가 나오게 된다.

지방에서 창업하고
세금 줄이기

단독으로 사업을 하기로 결정한 나 사장은 철훈에게 전화를 걸었다.

"세무사님, 저 그냥 혼자 하기로 결정했어요. 그런데 지난번에 준석이가 서울이 아닌 지방에서 창업을 하면 세금을 안 낸다던데 맞는 말이에요? 그 말이 맞으면 저 그냥 부산에서 카페 열까요?"

부산 출신인 나초보 사장이 물었다.

"그건 말이지요. …"

수도권 외 지역 : 창업 5년간 세액 감면

세법에서는 수도권과밀억제권역 외의 지역에서 신규로 창업하는 중소기업에 대하여 5년 동안 종합소득세나 법인세를 50% 감면해 주고 있다. 정식 명칭은 '창업중소기업 등에 대한 세액감면'이다.

만약 창업자가 청년이라면 특별히 5년간 종합소득세나 법인세를 최대 100%까지 감면받을 수 있고, 수도권과밀억제권역 안에서 창업하더라도 50%를 감면받을 수 있다. 즉 청년이라면 서울 도심에서 창업해도 감면 혜택을 받을 수 있다.

요건을 조금 더 살펴보면 다음과 같다.

청년에 해당하는가

-개인사업자 : 창업 당시 15세 이상 34세 이하(단, 병역을 이행한 경우

6년을 한도로 병역이행기간을 빼고 계산한다.)

-법인사업자 : 개인사업자 요건 + 해당 법인의 최대 주주 또는 최

대 출자자

창업기업에 해당하는가

창업이란 개인이나 법인이 사업을 하기 위해 새롭게 설립한 기업을 뜻한다. 사내벤처기업의 경우 일정 요건 충족 시 창업으로 인정한다. 다만, 기존의 사업을 법인으로 전환하여 새로운 법인을 설립하는 경우, 폐업 후 사업을 다시 개시하여 폐업 전의 사업과 같은 종류의 사업을 하는 경우 등은 창업으로 보지 않는다.

창업일이란

중소기업을 새로이 설립한 날로 법인의 경우 법인설립등기일을 말한다. 내국법인이 조세특례제한법 제6조 제3항의 어느 하나에 해당하는 업종으로 창업해야 세액감면이 적용된다. 개인의 경우 창업일은 부가가치세법상 사업개시일(재화나 용역의 공급을 시작한 날)을 말한다.

N잡러로
사업자등록하기

이미 직장인으로서 기존의 회사에 다니고 있으면서 새롭게 부업으로 창업을 하거나, 프리랜서로서의 활동을 뜻하는 말인 N잡러 역시 사업자등록과 함께 세금을 피해 갈 순 없다. 회사를 다니면서 추가로 다른 일을 할 때 본인이 신고해야 하는 세금은 어떠한 것이 있는지, 세금신고 일정과 방법을 사례를 통해 살펴보자.

A회사에 다니고 있는 김민중 대리는 각종 그래픽 프로그램을 잘 다룬다. 남다른 디자인 실력으로 인해 여기저기에서 로고나 배너 디자인 작업 의뢰가 계속해서 들어오고 있다. 간간이 용돈벌이로 삼아 오던 차에 최근에는 스카웃 제의가 들어올 정도로 김 대리의 작업물은 인정받고 있다. 이참에 김 대리는 여러 가지 대안을 놓고 본격적으로 디자인 업무를 해 볼까 고민 중이다.

추가소득에 대한 세금신고 방법
추가로 B회사에 다닐 경우

이러한 경우에는 김 대리는 회사를 두 군데 다니는 이중근로소득자가 된다. 근로소득세는 매월 각각의 회사에서 원천징수를 통해 신고납부를 하게 된다. 이후 1년 동안의 근로소득(2군데)를 신고하는 방법은 2가지가 있다.

① 선택 1

A회사소득 + B회사소득 → 주된 근무지 회사에서 합산하여 연말 정산을 한다. (주된 근무지 회사는 본인이 선택할 수 있다.)

② 선택 2

A회사, B회사에서 각각 연말정산을 한 뒤 5월에 본인의 주소지 관할 세무서로 직접 종합소득세를 신고한다. 보통 이중근로를 하고 있는 사실을 회사에 모르게 한 경우에 사용한다. 장점은 A회사와 B회사에 본인의 이중근로 사실을 걸리지 않을 수 있다는 것이고, 단점은 본인이 5월에 종합소득세 신고를 챙겨야 해서 번거롭다. 이중근로자를 위하여 세무사가 5월에 세금신고를 대신해 주기도 하므로 본인이 직접 신고하기 어려울 경우에는 이 방법을 이용하는 것을 추천한다.

아르바이트로 추가 디자인 업무를 할 경우

세법에서 아르바이트는 일용소득자로 구분된다. 일용소득자란 3개월 이상 근무하지 않는 자를 말한다. 이런 경우의 일용소득은 대부분 분리과세가 된다. 분리과세란 아르바이트비를 받을 때 납부할 세금이 있다면 자동적으로 처리되고 세금 문제가 끝나는 것을 말한다. 따라서 B회사에서 아르바이트한 내용은 추후 연말정산에 아무런 영향을 미치지 않는다. 1년 뒤에는 A회사에서 연말정산만 하면 끝나게 된다.

예를 들어 대형마트에서 물건을 사고 나올 때 계산을 하는데, 만약 대형마트 안에 있는 화장품매장에서 화장품을 사고 그 매장에서 먼저 계산을 하고(분리과세) 나올 때 캐셔에게 다시 계산을 하지 않는 것과 같다.

프리랜서로 활동할 경우

배달 대행, 프로그램 개발, 유튜브(영상편집), 번역 업무처럼 프리랜서로 활동하는 방법을 택할 수 있다. 이러한 경우에는 사업소득으로 보아서 3.3%로 원천징수를 당하게 된다. 동시에 프리랜서로서의 소득이 국세청에 보고되었으니 다음 해에 종합소득세 신고를 해야 한다. 이때에는 3.3%로 원천징수당한 세금을 미리 납부한 세금으로 보아 계산하여 덜 낸 세금이 있다면 납부를 하고, 더낸 세금이 있다면 환급을 받게 된다.

사업자를 내고 디자인 업무를 할 경우

다음 연도 5월에 종합소득세 신고를 해야 한다. 이때에는 A회사의 근로소득을 포함해서 신고를 한다. 매달 A회사에서 월급을 받을 때마다 떼였던 근로소득세를 미리 납부한 세금으로 보아 덜 낸세금이 있다면 추가로 납부를 하고, 더 낸 세금이 있다면 환급을 받게 된다.

기존 회사에 무조건 걸리나요?

추가 소득이 있는 경우 기존의 회사에서 알 수 있게 되는 경우는 다음과 같다.

걸리는 이유 1 : 고용보험은 중복가입이 안 된다

고용보험은 두 군데 회사에서 중복가입이 되지 않는다. 고용보험이 가입되는 순서는 월 평균보수가 높은 곳 → 월 근로시간이 많은 곳 → 근로자가 선택한 곳의 순서이며 다른 곳에서는 가입이 안 된다.

회사에서는 신규직원이 입사를 해서 4대보험에 가입신청했는데 고용보험 가입이 안 된다고 통보가 오면 투잡이라는 것을 알 수 있게 된다. 이럴 때에는 고용보험 가입을 하지 않거나 고용보험이 필요 없는 투잡을 선택하면 된다.

걸리는 이유 2 : 투잡 소득이 연 2,000만 원을 초과한 경우

내 월급 외에 추가로 연간 2,000만 원 이상의 소득이 발생하면 건강보험료의 '소득월액보험료'를 추가로 납부해야 한다. 이 내용은 회사에 통보가 된다. 이를 통해 회사에서는 추가소득이 있다는 것을 알 수 있게 된다. 다만, 추가소득은 투잡 말고도 이자, 배당, 부동산임대, 연금, 사업, 기타소득으로 2,000만 원 이상인 것이기 때문에 회사에서는 추가소득이 있는 것만 알 수 있고, 정확하게 투잡이라는 것을 알 수는 없다.

걸리는 이유 3 : 국민연금 상한선(월 582만 원)

국민연금은 근로소득 + 사업소득의 금액과 비례하여 납부를 하게 된다. 소득이 많으면 많이 납부하고, 소득이 적으면 적게 납부한다. 그러나 근로소득 + 사업소득이 월 582만 원 이상이면 더 이상의 국민연금을 추가로 징수하지 않는다. 그리고 회사로 통보가 오게 된다. 우리 회사에서 내가 받는 급여가 582만 원이 안 되는데 국민연금 상한이라고 통보가 오면 다른 소득(근로소득 또는 사업소득)이 있는 것을 알 수 있게 된다.

부가가치세 줄이기 :
면세? 과세? 간이?

세금 줄이기 전에 알아야 할
부가가치세

나 사장이 물었다.

"세무사님, 세금을 내지 않는 면세라는 게 있다던데, 전 그걸로 신청하면 안 되는 건가요?"

철훈은 잠시 뜸을 들이더니 대답했다.

"지금 면세를 말하는 게 부가가치세를 말하는 것 같은데요. 그건 내가 '면세로 하고 싶다.', '과세로 하고 싶다.'로 선택할 수 있는 게 아니에요. 세법에서 정해 놓은 업종을 할 때 면세로 적용되는 거거든요."

사업을 하게 되면 가장 먼저 접하게 되는 게 바로 부가가치세이다.

부가가치세란?

부가가치세를 정말 쉽게 이해해 보자. '부가가치세'라는 말은 '부가가치' + '세'이다. '부가가치'에 대한 '세금'이다. 아직 어렵다. '부가가치'라는 건 '내가 만들어 낸 가치'이다. 역시 아직 어렵다. 즉 '마진'에 대한 세금, '내가 남기는 것'에 대한 세금이라는 것이다.

예를 들어 보자. 내가 북한산 입구에서 물 2리터짜리 페트병을 1,000원에 사서 북한산 정상까지 올라가서 1,500원에 판다. 힘들게 들고 정상까지 올라가서 정상에서 판매하기 때문에 500원을 더 받고 있다. 그럼 난 1,000원에 사서 1,500원에 팔고 500원의 마진을 남긴다. 이 500원이 '부가가치'이다. 여기에 대해서 10%(50원)를 내는 게 부가가치세이다.

다시 말해서 부가가치세란 가치를 증가(부가)시킨 부분에 대하여 10%를 납부하는 세금이다.

또 다른 예를 들어 보자. A라면가게가 있다. A라면가게는 라면공장에서 신라면을 1,000원에 사 온다. 이 신라면을 고객에게 끓여 주고 3,000원에 판매한다. 이 경우 신라면이 2,000원 만큼의 가치가 늘었다고 보고 2,000원의 10%인 200원을 부가세로 납부하게 된다.

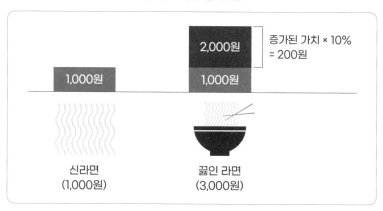

부가가치의 증가 예

증가된 가치 × 10%
= 200원

2,000원

1,000원

1,000원

신라면
(1,000원)

끓인 라면
(3,000원)

내 돈 200원이 나가는 게 아니다

부가가치세는 내가 고객에게 라면을 끓여 주고 받은 3,000원에서 200원을 납부하는 게 아니다. 내가 고객에게 라면 가격 3,000원을 받을 때(이 3,000원을 공급가액이라고 한다.) 여기에 부가가치세 10%를 더 받아야 한다. 따라서 고객에게 받아야 하는 금액은 총 3,300원이 된다(3,300원을 공급대가라고 한다.).

공급대가(3,300원) = 공급가액(3,000원) + 부가가치세(300원)

고객에게 부가가치세로 300원을 받고 200원만 납부하면 내가 이익일까? 아니다.

나에게 신라면을 판매하는 공장에서도 역시 나에게 신라면을

1,000원에 팔 때 부가가치세 10%인 100원을 추가로 징수해야 한다. 나는 신라면을 사 올 때 1,000원이 아닌 1,100원을 지급해야 하는 것이다. 따라서 공장에 100원, 세무서에 200원 해서 최종적으로 내가 부가가치세로 납부한 금액은 300원이 된다.

내가 고객에게 받은 부가가치세 300원

- 내가 신라면을 살 때 준 부가가치세 100원

_____

최종적으로 내가 납부하는 부가가치세 200원

핸드폰 요금으로
세금 줄이기

우리가 납부하는 통신요금에도 부가가치세가 포함되어 있다. 통신사로부터 받은 요금명세서를 살펴보자.

다음 통신요금 명세서를 보면 부가가치세가 5,472원 찍혀 있다. 통신사도 부가가치세 과세사업자이므로 나에게 통신서비스를 제공하면서 부가가치세 10%를 징수하게 된다.

만약 내가 업무와 관련하여 핸드폰을 사용한다면 핸드폰 요금에 포함되어 있는 부가가치세를 돌려받을 수 있다. 본인이 사용하고 있는 통신사 고객센터에 전화하여 세금계산서 발행을 요청하

2023. 7. 이용기간 : 2023. 6. 1. ~ 6. 30.
작성일 : 7. 3.

❶ 통신서비스요금	월정액	50,000	문자이용료	50
	요금할인	-25,686	부가가치세(세금)*	5,472
29,836				

| ❷ 휴대폰구입비(할부) |
| **0** |

❸ 부가사용금액	부가서비스이용료	4,000	콘텐츠이용료(#)	8,690
	로밍서비스이용료	26,364		
39,054				

❹ 기타요금	❺ 미납금액
	0
0	납기일 2023. 7. 21.

(#)로 표기된 요금은 당사에서 휴대폰 요금에 합산하여 안내해드리는 **타사 이용금액**입니다.
'*'표시 항목은 부가가치세 제외 대상입니다.

당월 이후 납부시 2% 가산금이 2개월 후에 청구됩니다.

납부하실 금액은 🌸 **총 68,890원입니다.**

고, 사업자등록증을 팩스 등으로 보내주면 된다. 이후부터는 통신사에서 핸드폰 요금에 대하여 세금계산서를 발행해 주며, 부가가치세 신고 시에 납부해야 할 부가가치세에서 세금계산서에 적힌 금액만큼 빼 주고, 세금계산서에 적힌 금액이 더 크면 환급해 준다(간이과세 제외).

도시가스 요금으로
세금 줄이기

식당이나 카페처럼 사업장에서 가스를 사용한다면 도시가스에 포함되어 있는 도시가스 요금에서도 부가가치세를 돌려받을 수 있다. 핸드폰 요금 줄이는 방법과 동일하게 도시가스 업체에 연락하여 사업자등록증을 보내고 세금계산서를 발행하면 된다. 도시가스 요금 외에도 전기, 인터넷, 보안업체, 전화, 정수기 등과 관련한 비용도 부가가치세를 돌려받을 수 있는 매입비용이다.

이러한 공과금 등이 사업과 관련이 있다면 사업자 명의로 전환하고 사업자등록증을 보내 세금계산서를 신청하자. 해당 업체에 전화를 걸어 사업자등록증을 보내주고 세금계산서를 신청하여 받으면 된다. 이후 전자세금계산서를 발급받게 되면 홈택스에서 확인하여 세금신고 때마다 활용할 수 있다.

개인 영수증 발행하고
세금 줄이기

돈을 지불하고 받는 영수증에는 여러 가지가 있다. 대표적인 것이 세금계산서, 계산서, 신용카드 영수증, 현금영수증(여기까지를 세법에서 '적격증빙'이라고 한다.)이다. 그 밖에도 적격증빙은 아니지만 간단하게 수기로 적어 준 간이영수증 등이 있다.

- **적격증빙** : 세금계산서, 계산서, 신용카드영수증, 현금영수증
- **그 외** : 간이영수증 등

적격증빙은 국세청에 자동으로 전달되기 때문에 판매자의 매출금액을 국세청에서 알고 있다. 따라서 판매하는 사람이 누락할 수가 없다. 국세청에서는 이렇게 신용카드나 현금영수증으로 누락 없이 보고된 매출에 대해서는 혜택을 준다.

신용카드·현금영수증을 발행한 매출액에 대하여 일반 업종은 1.3%, 간이과세자 중 음식·숙박업은 2.6%의 세액공제를 해 주고 있다.

신용카드발행세액공제 대상자

신용카드발행세액공제는 모든 사업자가 받는 것이 아니다. 다음의 대상자가 받을 수 있다.

① 개인사업자만 가능(법인은 불가)

② 개인사업자 중 다음의 사업을 하는 사업자

   - 소매업, 음식점업, 숙박업

- 목욕, 이발, 미용업

- 여객운송업, 입장권을 발행하는 사업

- 변호사업 등 전문인적용역

- 도정업, 제분업 중 떡방앗간, 양복점업, 양장점업, 양화점업

- 주거용 건물공급업

- 운수업 및 주차장운영업, 부동산중개업

- 사회서비스업, 개인서비스업 및 가사서비스업

- 기타 위와 유사한 사업 또는 세금계산서 교부가 불가능하거나 현저
  히 곤란한 사업

혜택은 얼마나 받나?

신용카드와 현금영수증으로 매출한 금액의 1.3%(간이과세자 중 음
식·숙박업은 2.6%)를 납부세액에서 공제한다. 납부해야 할 세금을
줄여 주지만, 추가로 환급해 주지는 않는다. 연간 한도는 1,000만
원이다.

예) 신용카드 매출금액 : 1억 원
　　공제금액 : 130만 원(1억 원 × 1.3%)

1) 납부세액이 200만 원이라면 → 70만 원 납부
2) 납부세액이 50만 원이라면 → 0원(환급 ×)

최근에는 많이 사라졌지만 가끔씩 신용카드를 받지 않거나, 현금영수증 발급을 거부하는 곳이 있다. 현금으로 결제하면 할인해 주겠다며 현금결제를 유도하는 경우가 있는데 탈세로 연결되기 때문에 불법이다. 신용카드 결제 거부와 현금영수증 발행 거부는 불법이다.

개인 전자세금계산서, 전자계산서 발행하고 세금 줄이기

7월은 부가세 신고가 한창인 때이다. 부가세를 조금이라도 줄일 방법을 찾는 철훈에게 나초보 사장이 물었다.

"부가세가 이렇게나 많다니! 세무사님, 세무사님 말대로 부가세 통장을 만들어서 10%씩을 저축해 둬서 그나마 다행이에요. 조금이라도 더 줄일 수 있는 방법은 없나요?"

"몇 가지 세액공제와 감면을 받으면 가능한데 말이지요."

전자세금계산서 발행세액공제

국세청에서는 전자세금계산서 발급에 대한 인센티브를 주기 위해 세액공제를 해 준다. 앞의 적격증빙을 발행한 부분에 대한 혜택으로 전자세금계산서를 발행했으면 '전자세금계산서 발행세액공제'로 발급 건수마다 200원을 공제해 준다. 금액은 건당 200원이지만 납부해야 할 세금에서 공제를 해 주는 세액공제이므로 적지 않다.

공제대상자

직전 연도 사업장별과·면세 공급가액(총수입금액)이 3억 원 미만인 개인사업자

전자세금계산서 발행세액공제액 = 전자세금계산서 발급 건수 × 200원

공제 한도는 연간 최대 100만 원까지이다.

전자계산서 발급세액공제

전자세금계산서는 부가가치세 과세사업자가 발급할 수 있다. 부가가치세 면세사업자라면 전자세금계산서가 아닌 전자계산서를 발급해 주면 종합소득세에서 세액공제를 받을 수 있다.

공제대상자

직전 과세기간의 사업장별 총수입금액이 3억 원 미만인 사업자

전자계산서 발급세액공제액 = 전자계산서 발급 건수 × 200원

마찬가지로 공제한도는 연간 최대 100만 원까지이다.

조기환급 :
돌려받을 세금을 더 빨리 돌려받고 싶을 때

Q. 사무실로 사용하기 위해 부동산을 구입했습니다. 부동산 대금을 지급할 때 건물가격(10억 원)에 대한 부가세(1억 원)까지 함께 지급했습니다(11억 원). 이때 지급한 부가세는 부가가치세 신고 때 돌려받는다고 하는데, 정확히 언제 돌려받을 수 있나요? 자금압박으로 최대한 빨리 돌려받고 싶습니다.

부가가치세는 매출세액(매출의 10%)에서 매입세액을 뺀 금액을 세금으로 납부하게 된다. 이때 매출세액보다 매입세액이 커서 마이너스가 되는 경우에는 나라로부터 환급을 받게 된다.

사업 초기에는 재고 구입, 인테리어 외에도 질문자의 경우처럼 건물 구입으로 비용이 많이 발생하여 자금압박을 받는 경우가 많다. 이럴 경우 부가가치세라도 빨리 돌려받아야 도움이 된다. 그런데 보통 부가가치세 납부는 분기의 다음 달 25일까지로 정해져 있는 반면, 환급은 그로부터 30일 이내에 받게 된다.

만약에 법인의 경우라면 예정신고(1분기, 3분기) 때 환급금액은 그보다 훨씬 후인 확정신고(2분기, 4분기) 때 납부할 세액에서 공제를 먼저 하고 환급금이 있으면 30일 이내에 돌려받게 된다. 이 때문에 심한 경우에는 2월에 발생한 부가가치세의 환급을 8월 25일에 받는 경우도 발생한다.

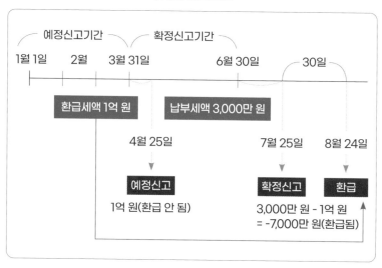

부가세 환급 시점

예정신고기간 ─── 확정신고기간

1월 1일   2월   3월 31일   6월 30일   30일

환급세액 1억 원   납부세액 3,000만 원

4월 25일   7월 25일   8월 24일

예정신고   확정신고   환급

1억 원(환급 안 됨)   3,000만 원 - 1억 원
= -7,000만 원(환급됨)

　　납부는 빨리 하고 환급은 천천히 받게 되기 때문에 사장의 입장에서는 현금흐름의 압박이 있을 수 있다. 건물과 같이 큰돈이 들어가는 경우에는 환급받을 부가가치세가 발생하면 하루라도 빨리 환급받는 게 사업을 할 때 많이 중요하다.

조기환급으로 빨리 돌려받기

다음의 경우라면 부가가치세를 더 빨리 돌려받을 수 있다.

① 사업자가 영세율을 적용받는 경우
② 사업자가 사업 설비(감가상각자산)를 신설·취득·확장 또는 증축하는
　 경우

③ 사업자가 재무구조 개선 계획을 이행 중인 경우

질문자의 경우에는 ②의 '사업자가 사업 설비(감가상각자산)를 신설·취득·확장 또는 증축하는 경우'에 해당하므로 조기환급을 받을 수 있다. 사업자의 자금 부담을 덜어 주기 위한 취지이다.

조기환급을 받을 수 있는 경우라면 기존의 부가가치세 신고기한(분기의 다음달 25일)까지 기다리지 않고 바로 다음 달 25일까지 환급신고를 할 수 있다. 이 경우 환급세액은 신고기한으로부터 15일 이내에 돌려받을 수 있다. 질문자의 경우처럼 빨리 환급받을 수 있으며, 최대 5개월 가까이 빨리 환급받을 수 있게 된다.

부가세 조기환급 시점

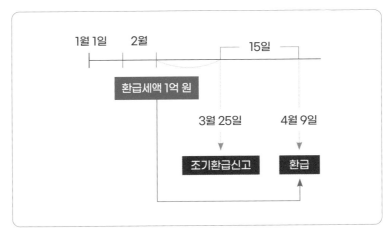

조기환급을 신청할 때 주의할 점

조기환급을 신청할 경우에는 개개의 시설투자 건에 대해서만 골라서 환급받을 수는 없다. 조기환급을 받고 싶은 기간의 매출과 매입을 전부 신고해야 한다. 질문자의 경우라면 2월에 발생한 부동산 매입 외에도 2월의 매출과 매입을 전부 빠짐없이 신고해야 한다.

세무서에서는 환급액이 발생하면 환급액에 대한 적정 여부를 검토하게 된다. 기본적으로는 계약서 및 송금내역 등을 확인하니 미리 준비해 두어야 한다.

Q. 사업을 시작하려고 매장 인테리어를 진행하고 있습니다. 비용이 발생할 때 세금계산서를 받아 두라는 이야기를 들었는데, 인테리어 사장님에게 세금계산서를 달라고 하니 부가세 10%를 더 내라고 합니다. 부가세 10%를 주면서까지 세금계산서를 받는 게 좋을까요?

부가세 10%를 주더라도 세금계산서를 받는 게 좋다. 내가 더 낸 부가세 10%는 한 번 주고 두 번 혜택을 받을 수 있다. 내가 더 준 10% 부가세는 먼저 부가세 신고를 하면서 1차적으로 돌려받게 된다. 내가 내야 할 부가세가 있다면 더 준 부가세만큼 줄이고 나서 납부하면 된다. 만약에 내가 내야 할 부가세보다 10%가 더 많으면 환급을 받게 된다. 다만, 간이과세자나 면세사업자라면 환급이 안 될 수 있으니 이 부분은 잘 확인해야 한다.

두 번째 혜택은 다음 해에 받을 수 있다. 2차적으로는 다음 해 소득에 대한 세금신고 시(법인세 또는 종합소득세) 다시 한 번 인테리어 금액을 비용으로 인정받아 세금을 줄일 수 있다. 만약 1차에서 간이과세자나 면세사업자라서 환급받지 못했다면 그 금액까지도 2차에서 세금을 줄이는 비용으로 인정받을 수 있다.

신용카드로
커피 마시고 세금 돌려받기

법인사업자로 전자부품 납품업을 운영하고 있는 조 대표는 오늘 고객과 만날 예정이다. 커피숍에서 만나서 부품 납품 업무를 이야기하고, 계약으로 이어지게 된다면 저녁식사도 대접할 생각이다. '계약으로만 이어진다면 저녁 식사 가격이 문제일쏘냐!' 멋지게 계약서에 사인하는 상상도 했다. 그러다가 '혹시 이것도 비용처리가 되는 건가?'라는 생각에 핸드폰을 들어 철훈에게 전화를 걸었다.

- 신용카드 영수증 수취

- 세액 구분 표시

- 홈택스 사업용 카드 등록

사업을 하다 보면 고객과의 미팅에 돈이 들어가기 마련이다.

세법에서도 이 부분을 인정하여 일정 금액의 비용처리를 해 주고 있다. 여기에서도 기본은 법에서 정하는 적격증빙의 수취이다. 적격증빙에는 (세금)계산서, 신용카드영수증, 현금영수증이 있다.

업무추진비(접대비)

고객과의 만남을 커피숍에서 할 경우에 커피값을 계산할 수 있다. 이 역시 고객과의 만남이라는 업무와 관련된 비용이므로 세법상 비용으로 처리할 수 있다. 다만, 업무추진비와 같은 경우에는 무한정 비용으로 인정하는 것이 아니라 일정한도가 있다.

부가가치세에서는 업무추진비와 관련된 비용은 부가세 공제를 안 해 주는 것으로 정해져 있으니, 부가가치세가 아닌 소득세(법인세)에서 비용으로 인정받으면 된다.

신용카드를 이용하여 커피를 마실 경우에는 상황에 따라 비용처리 여부가 달라진다.

복리후생비

직원에게 커피를 사 주면 복리후생비가 된다. 비용처리가 되어 세금을 줄일 수 있다. 또한 법인사업자라면 대표 역시 법인의 임직원이므로 복리후생비를 적용할 수 있다. 아쉽지만 개인사업자는 본인이 직원이 될 수가 없어서 복리후생비에 해당하지 않는다.

부가가치세에서는 복리후생적 성격으로 직원 식대나 커피를

식대의 부가가치세 공제 여부

구분	부가가치세 공제 여부	비고
직원 식대 등	공제 가능	복리후생적 성격
거래처와의 식대 등	공제 불가	업무추진비(접대비)
개인사업자 대표 식대 등	공제 불가	사업과 관련 없는 비용으로 봄
법인사업자 대표 식대 등	공제 가능	직원 식대와 동일 성격

사 주게 되면 부가가치세 매입세액이 공제된다. 물론 소득세(법인세)에서도 추가로 비용으로 인정받을 수 있다.

부가세 신고와 부가세 통장 만들기

개인사업자라면 1월과 7월에 부가가치세 신고를 해야 한다(간이과세자는 1월). 6개월마다 부가세 신고를 하기 때문에 사업을 시작한지 얼마 안 된 사장님에게 첫 부가세 신고는 체감상 너무 빨리 온다. 매출이 없더라도 신고는 해야 한다고 하는데 무엇을 어떻게 신고해야 할지 난감한 경우가 많다.

사업을 이제 막 시작한 터라 매출도 얼마 되지 않고, 들어간 비용만 많은데 굳이 신고를 해야 하나 싶기도 하다. 그런데 이럴 때일수록 신고를 하는 것이 유리하다. 사업을 시작하게 되면 초기에 많은 비용이 들어가게 된다. 대표적으로 상품으로 팔기 위한 재고를 구입하는 비용, 인테리어를 하는 비용이다.

부가세는 매출세액과 매입세액을 비교하여 매출세액이 더 많으면 납부를 하고, 매입세액이 더 많으면 환급을 받는 시스템이다. 따라서 사업 초기에는 벌어들이는 매출보다 비용이 많기 때문에 비용과 관련한 매입세액이 많다. 이럴 경우에는 부가세를 신고하고 부가가치세를 돌려받을 수 있다.

매출과 매입이 없는 경우에도 '무실적'으로 신고하면 된다. 신고 방법은 간단하다. 부가가치세 신고서 윗부분에는 사업자등록번호, 성명 같은 기본사항만 적고 아래에는 '무실적'이라고 적어서 제출하면 된다.

부가가치세 환급은 일반과세자로 신청한 경우에만 해당하고, 간이과세자의 경우에는 부가세 환급이 없다. 간이과세자로 신고했다면 부가세 환급은 받지 못한다. 간이과세로 선택하는 경우에는 초기 투자비용에 대한 부가가치세 환급을 못 받는다는 점을 명심해야 한다.

부가세 통장 만들기

"번 게 없는 것 같은데, 세금이 왜 이렇게 많나요?"

"그만큼 벌었으면 세금을 내지요. 난 그만큼 못 벌었어요."

"내 통장에 돈이 없어요."

세금을 내야 할 때, 특히 부가가치세 납부시점인 1월 25일, 7월 25일에 사장님들로부터 많이 듣는 말이다.

사장인 내가 과세사업자라면 고객으로부터 받는 돈은 전부 내 돈이 아니다. 그 안에는 부가가치세가 포함되어 있다. 이를 '공급 대가'라고 한다. 편의점에서 새우깡을 1,100원에 판매한다면 새우 깡의 공급가액 1,000원 + 부가가치세 100원으로 되어 있는 것이 다. 편의점에서는 이 100원들을 모아서 세무서에 납부해야 한다.

공급대가(1,100원) = 공급가액(1,000원) + 부가가치세(100원)

고객에게 받는 돈을 전부 나의 돈이라고 생각하고 쓰다가는 큰 코 다친다. 부가가치세를 납부하는 때가 다가오면 돈이 없어 대출 을 받는 경우도 종종 있다.

그래서 처음부터 고객에게 돈을 받을 때 10%는 부가가치세로 납부하기 위해 따로 모아 두자. 은행에 계좌를 만들어 '부가세 통 장'이라고 이름을 붙여서 저축해 두면 좋다. 나중에 부가가치세 납부일에는 그 금액의 한도 내에서 부가가치세를 납부하면 된다. 이자도 붙으니 일석이조이다.

2장

1~3년 차 사장님의 세금 줄이기

1~3년 차 사장님의
세금 줄이기

어느덧 시간은 겨울이 지나 봄의 한가운데를 지나가고 있다. 나름 카페도 안정적으로 자리를 잡아가는 듯하다.

나 사장이 가게 앞에 벚꽃이 눈처럼 내리는 모습을 지켜보고 있는데, 철훈이 가게 문을 열고 들어왔다.

"대표님, 안녕하세요! 콜드브루로 한 잔 부탁드립니다."

철훈은 결제를 하고선 카운터에서 제일 가까운 테이블에 앉았다. 철훈은 가방에서 노트북을 꺼내며 나 사장에게 말했다.

"이제 좀 익숙해졌나요? 예전에는 세금계산서 하나 끊으실 때도 하나하나 짚어 가며 발행하시더니…."

나 사장은 본인이 직접 카페도 운영하면서 다른 카페에 원두와

용품을 공급해 주고 있다. 그렇게 다른 카페에 판매할 때에는 세금계산서를 발행해 주어야 해서 세금계산서 발급도 배웠다.

"이젠 홈택스에서 세금계산서 발행하는 건 일도 아니에요."

"레벨업이 되셨네요. 그럼 이제 슬슬 종소세 준비해야지요?"

종소세는 개인의 소득세를 말한다. 소득세라고도 한다. 개인이 작년 한 해 동안 벌어들인 소득을 합쳐서(종합하여) 신고하기에 종합소득세라고도 한다. 법인의 경우에는 원래는 법인소득세이지만 줄여서 법인세라고 부른다.

- **개인** : 개인종합소득세 → (개인)종합소득세 → (개인)소득세
- **법인** : 법인종합소득세 → 법인(종합소득)세 → 법인(소득)세

종합소득세는 작년 1월 1일 ~ 12월 31일까지의 소득을 올해 5월 1~31일(성실신고사업자의 경우에는 6월 1~30일)에 신고한다.

개인 가족 많을 때
세금 줄이기

골프용품 도소매업을 운영하고 있는 박 대표는 지난해 신규로 창업한 후 매출이 크게 올랐다. 장사가 잘되어 기분도 좋지만, 주변

에서 들리는 세금 이야기로 인해 이번에 종합소득세가 많이 나올까 봐 걱정이다. 부양가족이 있다면 세금을 깎아 준다는 말을 듣고, 철훈에게 문의를 했다.

부양가족 공제받기

개인이 소득세를 신고하는 데 가장 세금 줄이는 효과가 큰 것 중의 하나는 부양가족의 숫자이다. 다음 중 어느 하나에 해당하는 사람이 있다면, 1명당 연 150만 원을 곱하여 계산한 금액을 세금에서 공제한다.

본인

본인은 특별한 요건 없이 공제대상자에 해당한다.

배우자

본인의 배우자(사실혼 제외)로서 소득금액이 100만 원 이하(근로소득만 있다면 총급여액 500만 원 이하)

그 외

① 직계존속 : 직계존속(아버지, 어머니, 할아버지, 할머니 등)으로서 60
　세 이상이며 소득금액이 100만 원 이하

② 직계비속 : 직계비속(아들, 딸, 손주 등)으로서 20세 이하이며 소

득금액이 100만 원 이하

③ 형제자매 : 형제자매로서 20세 이하 또는 60세 이상이며 소득
금액이 100만 원 이하

④ 입양자, 수급권자, 위탁아동도 요건에 따라 가능

예) 골프용품 도소매업을 운영하고 있는 박 대표는 아내(44세)와 자녀
(2세)가 있으며, 아내와 자녀는 소득금액이 100만 원 이하이다. 이
경우 소득공제 중 인적공제 금액은 얼마인가?

답) 450만 원
3명(박 대표 본인, 아내, 자녀) × 150만 원 : 450만 원

병원비와 교육비로
세금 줄이기

병원비로 세금 줄이기

법인을 운영하고 있는 조 대표는 사업을 운영하면서 과로가 쌓여
쓰러졌다. 병원에 입원해서 관리를 하고 있다. 몸이 열 개라도 모
자랄 판인데, 병원에 입원해 있어서 안절부절 못하고 있다. 병원
비는 얼마나 비싼지 너무 아까울 따름이다. 게다가 종합검진이라
도 한 번 받으려면 비용도 부담이 된다. 조 대표는 철훈에게 전화
를 걸어 병원비는 비용처리가 안 되는지 물어보았다.

성실사업자의 경우 병원비로 절세

병원비는 사업과 직접적인 관련이 없어서 비용처리는 할 수 없다. 다만, 법인의 대표인 경우에는(또는 직장인인 경우에는) 연말정산을 통하여 세금혜택을 받을 수 있다. 개인사업자는 성실사업자라면 의료비 세액공제 혜택을 받을 수 있다.

근로소득이 있는 거주자가 본인을 포함한 기본공제대상자(나이 및 소득의 제한을 받지 아니한다.)를 위하여 의료비를 지급한 경우에는 의료비 세액공제 대상 금액의 15%(미숙아 및 선천성 이상아를 위하여 지급한 의료비에 대하여는 20%, 난임시술비에 대하여는 30%)에 해당하는 금액을 종합소득세에서 공제한다.

자녀 교육비로 세금 줄이기

조 대표는 고등학생 아들과 중학생 딸이 있다. 자녀 둘을 키우며 매달 들어가는 교육비가 장난이 아니다. 학원을 여러 군데 보내는 것도 아닌데 비용이 부담되던 차에 어디선가 자녀 교육비가 세금을 줄일 수 있다고 들었던 것 같아 철훈에게 물어보았다.

"세무사님, 우리 애들 학원비도 세금에서 줄일 수 있어요?"

"아, 그건 말이지요."

성실사업자의 경우 교육비로 절세

교육을 위해서 돈을 지불했다면 교육비 세액공제를 받을 수 있다.

그러나 아쉽게도 모든 사업자가 교육비 세액공제를 받을 수는 없다. 교육비 세액공제를 받으려면 근로소득이 있어야 한다. 법인사업자라면 법인에 소속되어 있는 임직원(대표도 포함)은 근로소득이 발생하므로 교육비세액공제를 받을 수 있다. 개인사업자라면 성실사업자에 해당해야만 교육비 공제를 받을 수 있다.

근로소득이 있다면 본인과 기본공제대상자(보통은 자녀)의 교육비 금액의 15%에 해당하는 금액을 세금에서 공제한다. 교육비로 사용했다고 해서 전부 공제를 받을 수 있는 것은 아니다. 장학금을 받은 경우라면 그만큼은 공제를 받을 수 없다.

사용한 금액도 본인의 교육비와 장애인 특수교육비라면 전액 공제가 가능하지만, 그 외의 부양가족 교육비의 한도는 다음과 같다.

교육비 공제 한도

구분	한도
대학생	1명당 연 900만 원
초등학교 취학 전 아동 초·중·고등학생	1명당 연 300만 원
본인의 교육비 장애인 특수교육비	한도 없음

직원 뽑고
세금 줄이기

골프 사업을 하고 있는 채 사장은 하루하루 사업이 성장하고 있다. 사업의 성장과 함께 직원 수도 늘어가고 있는데, 최근 모임에서 직원을 채용해서 직원 수가 늘어나면 세금 공제를 받을 수 있다는 이야기를 들었다. 세금을 줄일 수 있다는 말에 채 사장은 바로 철훈에게 전화를 걸었다.

사업이 성장하면 직원 수도 늘어나게 된다. 이때 작년의 직원 수보다 올해의 직원 수가 더 늘었다면 고용을 증가시킨 것에 대해 나라가 보답 차원에서 세금혜택을 크게 준다.

통합고용세액공제

직원 1명을 추가로 고용할 때마다 다음의 표에 따라 최대 연 1,550만 원까지 세금을 줄여 준다.

통합고용세액 공제금액

구분	중소기업		중견기업	대기업
	수도권	지방		
상시근로자	850만 원	950만 원	450만 원	0
청년, 장애인, 60세 이상, 경력단절여성 등	1,450만 원	1,550만 원	800만 원	400만 원

정규직 전환, 육아휴직 복귀자에 대한 추가공제

정규직으로 전환한 인원이 있거나 육아휴직에서 복귀한 직원이 있는 경우 다음의 표에 따라 최대 1,300만 원까지 세금을 줄여 준다.

정규직 전환, 육아휴직 복귀자 공제금액

구분	중소기업	중견기업
정규직 전환자, 육아휴직 복귀자	1,300만 원	900만 원

　　자세한 금액과 내용은 개정되는 세법에 따라 매년 변경되기 때문에 세액공제를 받기 전에 전문가와 상의하여 신청하도록 하자.

직원 퇴직금은 반드시 법에 따라서 지급

우리나라에서는 1년 이상 근무한 직원이 퇴사를 하면 퇴직금을 지급해야 한다. 그런데 종종 퇴사를 하기도 전에 직원 사정상 퇴직금을 미리 받으려는 경우가 있다. 다음의 사례를 보도록 하자.

　　중소기업에 다니는 3년 차 J대리는 일을 센스 있게 잘 처리하기로 유명하다. 그러나 투자에는 소질이 없는지 J대리가 투자했던 주식마다 하한가를 맞게 되어 돈이 필요하게 되었다.

　　J대리는 C사장에게 본인이 이 회사에서 계속해서 일을 열심히 할 테니 퇴직금을 미리 줄 수 없냐고 했다. 본인의 월급 400만 원에 퇴직금 40만 원을 합쳐서 440만 원으로 주면 나중에 퇴직금을

받지 않겠다고 했다. J대리의 사정을 생각해서 C사장은 매달 퇴직금 40만 원을 포함해 440만 원을 주었다.

4년이 흘러 J대리는 다른 회사 과장으로 이직을 하게 되었다. J대리는 C사장에게 지금까지 준 돈 440만 원은 퇴직금이 아닌 월급이라고 주장하면서 퇴직금을 달라고 했다. 이런 황당한 상황에서 C사장은 J대리에게 퇴직금을 지급해야 할까?

정답은 지급해야 한다. 이렇게 나중에 퇴직을 할 때 받게 될 퇴직금을 미리 당겨서 받는 것을 '퇴직금 중간정산'이라고 한다. 그러나 퇴직금 중간정산은 단순히 직원의 사정이 딱하다거나 돈이 필요하다고 할 수 있는 것이 아니라 법에서 정한 사유에 해당될 때에만 할 수 있다. 법에서 정한 사유에 해당하지 않음에도 불구하고 급여 등에 퇴직금을 포함해 매월 지급하는 경우는 이를 퇴직금으로 보지 않는다.

퇴직금 중간정산 사유

① 무주택자가 본인 명의의 주택을 구입하는 경우

② 무주택자인 근로자가 전세자금(보증금)이 필요한 경우(1회에 한정)

③ 근로자, 그 배우자, 근로자 또는 그 배우자의 부양가족이 질병 또는 부상으로 6개월 이상의 요양을 필요로 하는 경우

④ 근로자가 중간정산을 신청한 날부터 거꾸로 계산하여 5년 이내에 파산선고를 받거나 개인회생절차개시 결정을 받은 경우

⑤ 고용주가 기존의 정년을 연장하거나 보장하는 조건으로 단체협약 및 취업규칙 등을 통해 일정 나이, 근속시점 또는 임금액을 기준으로 임금을 줄이는 제도를 시행하는 경우

⑥ 고용주가 근로자와의 합의에 따라 소정근로시간을 1일 1시간 또는 1주 5시간 이상 단축함으로써 단축된 소정근로시간에 따라 근로자가 3개월 이상 계속 근로하기로 한 경우

⑦ 「근로기준법」의 개정에 따라 1주당 최대 근로 시간이 60시간에서 52시간으로 단축되어 근로자의 퇴직금이 감소되는 경우

퇴직금 중간정산 사유에 해당하지 않는데도 퇴직금을 미리 지급한 경우, 나중에 직원의 마음이 바뀌어 미리 받은 금액까지 함께 계산된 퇴직금을 요청하면 사장은 퇴직금을 지급해야 한다. 근로자가 퇴직금 중간정산을 요청할 경우 반드시 응해야 하는 것은 아니니 반드시 중간정산 사유에 해당하는지 확인하고 지급하자.

4대보험 적게 내기

띠링~ 띠링~ 띠링~

나초보 사장의 스마트폰 알람이 연신 울렸다.

"무슨 문자가 이렇게 계속 오는 거예요?"

문자 내용을 확인한 나 사장의 표정이 안 좋아졌다.

"무슨 일 있어요?"

함께 있던 철훈이 물었다.

"4대보험이요. 돈 빠져나간다는 알림이에요."

나 사장이 짜증 난 말투로 말했다.

"아, 10일이네요. 4대보험 빠져나가는 날이었군요. '퍼 가요.' 문자였죠? 그러고 보니 저한테도 문자 왔는데 무음으로 해 놔서 몰랐네요."

실제로 사장님들을 만나보면 세금만큼이나 4대보험료에 대해 부담을 가지고 있다. 직원을 1~2명만 두어도 매달 100만 원 이상을 납부한다. 사장 본인의 보험료와 함께 직원 보험료의 절반 이상을 납부해야 하는데 거의 매년 4대보험료율을 올리고 있어서 부담이 안 되려야 안 될 수가 없다.

4대보험의 납부는 의무사항이기 때문에 납부하지 않을 방법은 없다. 하지만 다음과 같은 방법으로 4대보험을 줄일 수 있다. 본인에게 맞는 방법을 활용하여 본인과 직원의 4대보험 비용을 조금이라도 줄여 보자.

'지역가입자'에서 '직장가입자'로 변경하기

혼자 사업을 하는 1인 사업자 같은 경우에는 건강보험료가 지역가입자에 해당된다. 지역가입자는 사장의 재산과 소득 등을 반영하여 건강보험료가 책정되는데, 일반적으로 직장가입자의 건강보험료보다 훨씬 많다. 따라서 법인의 대표라면 '무보수확인서' 등을 제출하여 4대보험료를 절감하자. 개인사업자라면 직원을 채용할 경우 직장가입자로 변경되니 건강보험료가 줄어들 수 있다.

소득세법상 비과세 활용하기

4대보험 금액 산정의 기초는 직원 급여의 항목들 중에서 소득세법상 과세 항목과 동일하다. 따라서 소득세법상 비과세 항목인 식대 20만 원, 자가운전보조금 20만 원, 육아수당, 근로자 본인의 학자금 등 비과세항목이 포함되어 있다면 4대보험 금액을 계산할 때 그 금액만큼 줄게 되어 4대보험 금액도 줄일 수 있다.

다만, 자가운전보조금 같은 경우에는 명의자가 중요하다. 직원 본인 명의의 차량이어야 하는데, 최근에 개정되어 직원 본인이 임차한 렌트, 리스 차량까지도 가능하게 되었다. 차량이 공동명의라면 원칙적으로는 안 되지만 부부 공동명의까지는 가능하다. 따라서 부부 공동명의가 아닌 아버지와 아들이 공동명의라고 한다면 자가운전보조금 비과세는 불가능하다.

'두루누리'를 활용하여 4대보험 부담 줄이기

근로자 수가 10명 미만인 사업장에서 직원의 급여가 일정금액 미만인 경우에는 근로자와 사장의 4대보험을 줄여 준다. 줄여 주는 항목은 국민연금과 고용보험이다. 적용 조건과 지원금액은 매년 달라지기 때문에 신청하기 전에 확인해 보고 지원 대상에 해당하면 신청하면 된다.

신용카드로 납부하기

카드로 4대보험을 납부하는 방법은 어렵지 않다. '사회보험통합징수포털(si4n.nhis.or.kr)'에 접속해서 카드로 납부할 수 있고, 스마트폰으로도 카드 납부를 할 수 있다. 무이자 할부, 이벤트 등 카드마다 납부수수료와 납부 혜택이 천차만별이니 납부하기 전에 확인하고 이용하도록 하자.

세금 줄이기 전에
알아야 할 원천세

자영업을 하기 위해서는 반드시 원천세를 알아야 한다. 원천세는 어떤 세금인지 알아보자. 직장인이라면 원천징수라는 이야기를 많이 들어보았을 것이다. 원천징수는 사업자가 근로자의 급여에서 원천세를 먼저 떼고 나머지만 근로자에게 지급하는 제도를 말한다. 사업자가 미리 뗀 원천세는 다음 달 10일까지 세무서에 신고납부해야 한다.

예를 들어 100명의 직원이 있는 회사에서 원칙적으로라면 100명의 직원은 본인이 월급을 받을 때마다 직접 세무서로 가서 본인의 세금을 신고하고 납부해야 한다. 그렇게 되면 세무서 행정이 마비되게 될 것이 불 보듯 뻔하다. 그래서 나라에서는 돈(월급)을 주는 사람에게 시키게 되었다.

원천징수라는 시스템이 생겨난 이유를 살펴보자. 먼저 등장하는 사람이 셋이 있다.

-세금을 받아야 하는 **세무서**

-급여를 주면서 비용처리해야 하는 **사장**

-월급을 받는 **직원**

세무서의 입장

먼저 세무서 입장에서 보면 세금을 걷기가 훨씬 수월해졌다. 사장이 직원들에게 월급을 주면 직원 입장에서는 근로소득이라는 소득이 생기게 된다. 그러면 직원들은 세무서에 찾아와서 성실하게 세금신고를 해야 하는데, 그중에는 안 하는 사람도 있다. 세금신고를 안 하거나, 적게 하거나, 해외로 도망을 가기도 한다.

세무서에서는 이 사람들을 하나하나 다 찾아다니면서 세금을 제대로 신고했는지 확인하고, 추징하기가 너무 힘들다. 그래서 애초에 월급을 주는 사람한테 아예 일을 시키게 되었다(원천징수의무 부과).

"돈을 줄 때는 세금을 미리 떼고 주세요. 안 그러면 가산세 냅니다."

소득을 지급하기도 전에 세금부터 떼어 세무서에 꼬박꼬박 납부하게끔 되었다. 이렇게 하고 나니까 세무서 입장에서는 세금걷기가 아주 쉬워졌다.

직원이 100명이라도 급여를 주는 사람은 사장 1명이기 때문에 세무서를 찾아올 때도 1명이 100명의 내용을 정리해서 찾아오고, 납부도 한 번에 다 처리가 되니 세무서 입장에서는 세금징수 면에서 편해졌다.

사장의 입장

사장은 물건을 팔아서 세금을 내는데, 물건을 팔기 위해 직원을 썼으면 직원한테 월급을 주게 된다. 이때 월급은 사장 입장에서는 비용이다. 이만큼 비용을 썼다라고 인정을 받아야 세금을 줄이게 되므로 월급을 얼마만큼 누구에게 줬다라는 기록을 증명할 수 있게끔 준비해 두어야 한다.

그래서 사장은 직원에게 월급을 주면서 '내가 직원 A에게 월급으로 이만큼 줬습니다. 그래서 여기 원천세를 떼어서 신고도 하고 납부도 합니다.'라고 세무서에 신고를 한다. 그러면 세무서에서는 '준 게 맞구나.'라고 비용으로 인정을 해 주고, 그만큼 사장의 세금은 줄어들게 된다. 즉 급여를 지급한 내용이 사장의 비용인데, 이것이 원천세를 신고함으로써 바로 증빙처리가 가능하니 사장의 세금이 줄어드는 효과가 있다.

직원의 입장

월급을 받으면 매달 본인이 받는 급여에 대해서 세금을 계산해서 직접 세무서에 신고도 하고 납부도 해야 한다. 하지만 원천징수시스템 덕분에 본인이 세금을 얼마 내야 하는지 어렵게 계산할 필요 없이 사장이 월급 중 일정 금액을 자동으로 떼어 납부하고 나머지를 직원의 통장에 넣어 주게 되었다. 이를 통해 직원이 월급을 받기 전에 세금부터 떼어서 세무서에 납부가 되고, 내가 얼마 버는지 고스란히 세무서에서 알게 되었다.

이렇게 직원의 월급은 전부 투명하게 드러난다고 해서 '유리지갑'이라고 한다. 직원은 이렇게 미리 세금을 내었으니 끝나는 게 아니라 실제로 본인이 1년간 얼마나 돈을 썼는지 신고하는 연말정산을 통해 '사실은 내가 내야 할 세금이 미리 납부했던 금액보다 적어요. 보세요. 내가 이렇게 많이 신용카드를 썼잖아요.'라는 걸 세무서에 제출함으로써 연말정산으로 세금을 돌려받게 된다.

원천세 반기 신고

원천세는 기본적으로 돈을 지급한 다음 달 10일까지 매달 챙겨서 납부해야 한다. 그러나 직원 수도 몇 명 안 되는 영세한 곳에서는 이렇게 매달 원천세를 챙기는 것이 부담스러울 수 있다. 직원 1~2명으로 사업을 운영해야 하는데, 매달매달 신고하고 납부하는 게 힘들 수 있다.

이렇게 소규모인 경우라면 반기신고로 신청하여 1년에 두 번인 반기신고도 가능하다. 반기신고가 가능한 요건인 평균 직원 수가 20명 이하인 경우라면 6월과 12월에 신청하여 매달이 아닌 6개월에 한 번씩 신고납부하는 반기별 납부를 할 수 있다.

3.3% 기억하고
세금 줄이기

- 사업소득 원천세 3.3%
- 프리랜서(인적용역소득)와의 계약은 3.3%

최근 3.3을 상호로 쓰는 업체가 있을 만큼 3.3은 유명하다. 무슨 내용인지 알아보자.

사업을 운영하면서 누군가에게 일을 맡기는 경우가 있다. 그게 직원이라면 급여를 주면서 원천세 신고를 할 것이고, 상대방이 사업자라면 비용을 지불하면서 세금계산서를 받을 것이다. 만약에 상대방이 프리랜서라면 어떻게 해야 할까?

프리랜서라는 말은 중세시대에 자유롭게free 계약에 따라서 전투에 참가한 창기병lancer를 뜻한다. 프리랜서라는 용어가 기업에서 사용될 때에는 기업에 소속되어 있지 않고 독립적으로 자유롭게 일을 하는 사람을 뜻하며, 세법에서는 이들을 '인적용역소득자'라고 부른다.

이들에게 비용을 지불할 때에는 이들의 (사업)소득세 3%를 떼고 주어야 한다. 사업소득세 외에도 지방소득세 0.3%를 추가로 떼고 주어야 하기 때문에 이를 합쳐서 3.3%를 떼고 준다고 하여 '3.3'이라는 용어가 나오게 되었다.

3.3% 원천징수 흐름

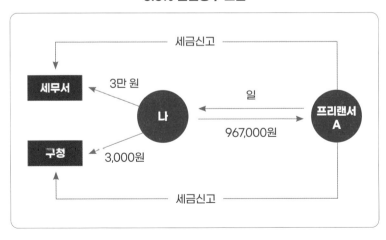

예를 들어 지불해야 할 비용이 100만 원이라고 한다면, 100만 원의 3.3%인 33,000원을 뗀 967,000원만 지불하고, 3만 원은 세무서에, 3,000원은 시군구청에 납부하면서 누구에게 주었는지 신고를 하게 되는 것이다. 이를 통해 '나는 100만 원을 썼다.'라는 증빙이 되고 내가 낼 세금에서 그만큼이 줄어들게 되는 것이다.

홈택스로 직접 세금신고하고 세액공제 받기

사업을 하게 되면 국세청 홈택스라는 세금신고 포털사이트를 알고 있을 것이다. 홈택스에서는 직접 세무서를 방문하지 않아도 사업자등록에서부터 각종 세금신고도 할 수 있고, 체납이 없다는 증명서 등 세금과 관련된 여러 가지 서비스를 종합적으로 이용할 수 있다. 부가가치세·종합소득세와 같은 사업자 세금을 신고할 수도 있고, 양도소득세·증여세와 같이 사업자가 아니어도 발생할 수 있는 각종 세금신고를 간편하게 할 수 있다.

사업을 시작할 때부터 세무사에게 의뢰할 수도 있지만, 영세한 소규모 사업자에게는 세무 의뢰비용이 부담될 수 있다. 사업이 커지면 현실적으로 본인이 직접 홈택스에서 신고하기가 어렵지만, 사업 초기라면 홈택스에서 부가가치세 신고나 종합소득세 신고도 할 수 있다. 세무비용을 줄일 수 있으며, 본인이 직접 세금을 신고하면 세액공제를 2만 원까지 받을 수 있다(전자신고세액공제).

홈택스 이용하기

최근 홈택스는 새 얼굴로 개편되어 기존 홈택스에 비해 더 많은 기능을 제공하고 있다. 홈택스에서 서비스를 이용하기 위해서는 기본적으로 회원가입 후 로그인의 절차가 필요하다. 회원으로 가입하지 않더라도 종합소득세, 양도소득세, 증여세 신고납부, 근로장려금·자녀장려금 신청/조회 등의 메뉴를 이용할 수는 있지만, 홈택스를 100% 활용할 수 없으니 가능하다면 회원가입을 하는 것을 추천한다.

사업자라면 전자세금계산서 발급과 같은 사업 관련 필수 서비스도 무료로 이용할 수 있다. 회원유형은 '개인', '사업자·세무대리인', '부서사용자'로 나누어진다. 회원가입 시 회원유형의 선택에서 사업자를 선택해야 전자세금계산서 발급 업무가 가능하다.

홈택스로 종합소득세 신고하기

종합소득세는 전년도 1월 1일~12월 31일에 대한 소득에 대한 내용을 신고하는 것이다. 이름과 같이 '종합'소득세는 전년도의 모든 소득을 다 합쳐서 신고한다. 본인의 소득을 다 신고하고, 본인의 비용과 공제항목을 다 신고하면 세금이 나오는 체계이다. 따라서 사업과 관련된 소득 외에도 근로소득, 이자·배당소득, 부동산소득, 연금소득, 기타소득이 있다면 함께 신고해야 한다.

　세무사에게 의뢰하여 어렵지 않게 신고할 수도 있지만 매출이 많지 않은 사업 초기에는 직접 해 보는 것도 나쁘지 않다. 대신 사업의 규모가 커지게 되면 놓칠 수 있는 각종 공제나 감면이 있을 수도 있고, 잘못 신고해서 발생할 수 있는 가산세 문제를 피하기 위해서 세무사에게 의뢰하는 것을 추천한다.

홈택스에서 종합소득세 신고는 크게 2가지로 나눌 수 있다. '모두채움/단순경비율 신고'와 '일반신고(모든신고안내유형)'이다.

'모두채움/단순경비율 신고'는 세금신고가 간편한 소규모 사업자를 대상으로 하는데 상대적으로 세금신고가 쉽다. '모두채움'은 영세한 사업자에게 세무서에서 세금신고서를 대신 작성하여 보내준다.

물론 내가 작성한 신고서가 아니기 때문에 나의 비용을 세세하게 만들어 주지 않고, 세금신고의 책임도 나에게 있다. 게다가 제대로 신고했을 때 받을 수 있는 환급금액보다 실제로 돌려받는 환급액이 적을 수 있다.

모두채움 서비스

국세청에서 납부금액/환급금액을 미리 계산한 신고안내문으로 다음의 소규모 사업자 등에게 보내준다.

- (도소매업 등) 6,000만 원 미만
- (제조업, 음식점 등) 3,600만 원 미만
- (임대업, 서비스업 등) 2,400만 원 미만

모두채움 안내문을 받은 납세자는 ARS 전화 1544-9944에 전화를 걸어 전화 한 통으로 세금신고를 마칠 수 있다. 전화 신고 후에는 소득세 신고가 '정상적으로 접수'됐음을 알리는 문자 메시지가 발송된다.

'단순경비율 신고'는 나의 매출액에 업종별 평균 이익률을 곱하여 계산하는 신고이다. 매출액이 크지 않아 장부를 직접 기록하지 않더라도 이용할 수 있는 메뉴이다. 다만, 규모에 따라 장부를 작성하지 않은 부분에 대한 페널티가 발생할 수도 있다.

　그 밖에 일반적인 사업자가 종합소득세를 신고하는 메뉴는 '일반신고(모든신고안내유형)'를 눌러 신고하면 된다.

종합소득세 신고 방법

홈택스 로그인 → 세금신고 탭 → 종합소득세 메뉴 → 일반신고(모든신고안내유형) → 정기신고 → 작성 → 11. 신고서제출 단계에서 신고서 제출

홈택스로 부가가치세 신고하기

부가가치세 신고납부는 분기별로 1년에 4회에 걸쳐 이루어진다. 일반적인 법인사업자라면 원칙대로 연간 4회(1월, 4월, 7월, 10월)에 신고를 하고, 개인사업자라면 연간 2회(1월, 7월)에 부가가치세 신고를 한다. 예정신고의 경우 4월 25일과 10월 25일까지, 확정신고의 경우 1월 25일과 7월 25일까지 신고와 납부가 필요하다. 또 개인사업자의 경우 본인이 일반과세자인지 간이과세자인지에 따라 세금신고 형태가 달라지므로 자신의 사업자 유형에 맞는 신고 메뉴를 클릭하면 된다.

부가가치세 신고 방법

홈택스 로그인 → 세금신고 탭 → 부가가치세 메뉴 → 일반과세자 신고 → 정기신고(확정/예정) → 작성 → 08. 신고서 제출 단계에서 신고서 제출

여기저기서 새는
세금 막기

종합소득세(법인세) :
세금신고의 끝판왕

이제 매드커피를 오픈한 지도 1년이 다 되어 간다. 작년 벚꽃이 떨어질 때쯤 정신없이 카페자리 알아보랴, 사업자등록신청하러 세무서 찾아다니랴, 매장 인테리어 하랴 정신없이 달려와서 어떻게 1년이 지났는지도 모르는데, 또 다시 벚꽃이 떨어지고 있다.

이젠 나초보 사장도 초보가 아니다. 나 사장이 한참 넋 놓고 벚꽃을 쳐다보고 있는데, 철훈이 문을 열고 들어왔다.

"대표님, 오늘도 안녕하세요! 콜드브루 큰 걸로 부탁드려요!"

자리에 앉아 서류와 노트북을 꺼내고 있는 철훈에게 나 사장은 콜드브루를 준비해서 건넸다.

"자, 이제 종소세네요."

철훈이 말했다.

개인사업을 하게 되면 매년 5월(혹은 6월)에 종합소득세 신고를 하게 된다. 작년 1년 동안 벌어들인 모든 소득에 대하여 신고를 하게 되는 것이다. 사장이라고 하더라도 개인이라면 소득은 여러 곳에서 발생할 수 있다. 기본적으로 사장이 운영하는 사업에서 소득이 발생하고, 은행에 넣어 둔 예금에서도 이자가 발생하고, 투잡으로 뛰는 아르바이트에서도 소득이 발생할 수 있고, 나이가 많아 국민연금을 받을 수도 있다.

종합소득세는 말 그대로 이러한 여러 가지 '소득'을 '종합'하여 신고하는 세금이다. 모든 소득을 하나도 빠짐없이 신고하는 것이 아니라 법에서 열거하고 있는 소득들을 신고하게 된다.

남의 세금 대신 내주고
내 세금 줄이기

- 원천징수

- 지출증빙처리

사업을 하다 보면 세금 내느라 정신이 없다. 세금 내고 뒤돌아서면 또 세금 일정이 잡혀 있는 경우가 허다하다. 사장 본인의 세금을 내는 경우도 있지만, 부가가치세와 같이 타인의 세금을 받아두었다가 세무서에 전달하며 납부하는 간접세도 있다.

그중 원천세의 경우에는 직원의 월급을 전액 직원에게 주지 않고, 일정 금액을 미리 떼어서 사장이 보관하고 있다가 다음 달 10일에 세무서에 납부하게 된다. 이를 원천징수라고 한다.

예를 들어 보자. 손 대리의 연봉은 3,600만 원이다. 연봉을 12개월로 나누면 한 달 급여는 300만 원이 된다. 그럼 손 대리의 월급통장에는 300만 원이 찍힐까? 아니다. 월급이 300만 원인 사람이 실제 받는 금액은 300만 원이 안 된다. 대략 280만 원 정도가 찍히게 된다. 그 차이 금액인 20만 원은 세금과 4대보험료 등이다. 300만 원에서 세금과 보험료 등을 떼고 나서 나머지 금액인 280만 원이 찍히게 된다. 이를 세금 떼기 전과 세금 뗀 후 금액이라고 해서 '세전금액', '세후금액'이라고 부른다.

- **세전 금액 :** 세금을 떼기 전 금액(300만 원)
- **세후 금액 :** 세금을 떼고 난 후 금액(280만 원)

이렇게 직원의 소득에 대한 세금은 직원이 직접 내는 것이 아니라 사장이 미리 월급에서 떼어 놓았다가 대신 납부하게 된다.

이런 시스템을 '원천징수'라고 한다. 사장은 세금으로 뗀 금액 20만 원을 다음 달 10일까지 세무서에 납부한다. 세금신고를 하면서 사장은 그 돈의 내역도 신고를 하게 된다. '이 돈 20만 원은 손 대리에게 월급 300만 원을 주면서 미리 뗀 세금입니다.'

이런 식으로 사장은 원천세를 납부함으로써 직원에게 월급을 주었다는 것을 신고하게 되고, 그 금액만큼 사장의 비용으로 처리된다. 이를 국세청, 사장, 손 대리 입장에서 보도록 하자.

국세청의 입장

국세청에서는 자동으로 손 대리의 월급을 알 수 있게 된다. 손 대리는 미리 세금을 냈기 때문에 세금을 안 내고 도망갈 수 없다. 국세청 입장에서는 미리 세금을 받게 됨으로써 탈세의 걱정이 없고, 매달 세금을 걷게 되어서 나라의 세금 수입을 조기에 확보할 수 있다.

모든 직장인이 매달 직접 세무서에 와서 본인이 받은 월급을 신고하고 납부를 한다면 행정상 마비가 올지도 모른다. 그러나 사장이 직원들의 세금을 모아서 납부하기 때문에 좀 더 적은 행정력으로도 세금을 걷을 수 있다.

사장의 입장

손 대리한테 월급으로 300만 원을 주었다고 신고하기 때문에 사장의 비용으로 인정받을 수 있다. 사장은 300만 원 만큼 덜 번 것으로 처리되니 추후에 사장의 세금은 줄어들게 된다. 1년으로 계산하면 3,600만 원이 된다(300만 원 × 12개월). 사장은 3,600만 원만큼 비용으로 인정받기 위해서 급여를 줄 때마다 원천징수를 해야 한다. 지급할 때 원천징수를 안 하거나 신고를 누락하면 가산세를 내게 되니 주의해야 한다.

회사의 정직원뿐만 아니라 아르바이트나 비정규직 근로자에게 급여를 줄 때 모두 원천징수를 해야 한다. 추가로 독립적으로 인적용역을 제공하는 사업자인 경우에는 3.3%(지방세 포함)의 원천징수를 해야 한다. 사장의 세금을 줄이기 위해서는 원천징수를 통해 다른 사람의 세금을 내주면서 동시에 사장인 나의 세금을 줄이게 되니 잘 챙겨야 한다.

손 대리의 입장

사장한테 월급을 받을 때 30만 원을 미리 떼였다. 원칙대로라면 내가 세금이 얼마인지 계산해서 월급 받을 때마다 세무서에 신고해야 하는데, 사장이 대신 계산해서 납부해 주니 편하다. 손 대리는 매년 연말정산을 한다. 한 해가 지나고 나서 작년에 월급을 받으며 매달 뗀 세금 360만 원(30만 원 × 12개월)과 실제 손 대리가 내야 할 세금만 정산하면 된다.

- **직접세 :** 본인의 세금을 본인이 직접 신고도 하고, 납부도 하는 세금 (소득세, 법인세)
- **간접세 :** 타인의 세금을 받아 두었다가 본인이 신고하고 납부하는 세금(부가가치세).

급여 지급 시 원천징수

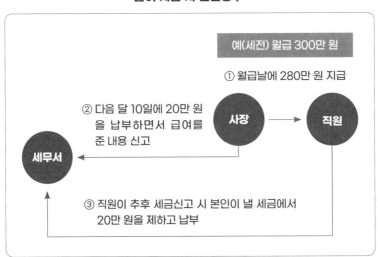

영수증 잘 받아서
세금 줄이기

사업을 하다 보면 돈을 지불하고 영수증을 꼭 받아야 하는지, 받아야 하면 어떠한 영수증을 받아야 하는지 의문이 들 때가 있다. 거래처로부터 재화나 용역을 공급받고 대가를 지불하면서 적격증빙을 받아 두어야 한다.

- **적격증빙** : 법에서 정한 증빙으로 세금계산서, 계산서, 신용카드매출 전표, 현금영수증 등을 말한다.

  적격증빙을 받지 못한 경우에는 다음과 같은 여러 가지 불이익이 있다.

매입세액불공제

사업과 관련하여 재화나 용역을 공급받고 매입세금계산서나 신용카드매출전표 또는 현금영수증을 받지 못하면 부가세 매입세액공제를 받을 수 없다. 이는 내가 지불한 금액의 대략 10%에 해당하는 금액이므로 꽤 큰 금액이다. 이 경우에는 부가가치세 10%를 돌려받지는 못하지만, 그만큼 비용으로 처리되어 종합소득세(또는 법인세)에서 세금을 줄일 수는 있다.

증명서류 수취불성실가산세

재화 또는 용역을 공급받고 세금계산서, 계산서 또는 신용카드매출전표, 현금영수증 등 정규 영수증을 받지 않은 경우에 적용한다. 지출금액의 합계액에 대하여 2%의 가산세를 내야 한다.

  예를 들어 직원들과 고깃집에서 회식을 하고 30만 원을 지출하면서 영수증을 받지 않고 간이영수증만 받았다면, 회식비(복리후생비)로 비용인정은 받아서 세금은 줄일 수 있지만, 2%인 6,000원을 가산세로 납부해야 한다.

다만, 신규사업자나 직전과세기간 사업소득 수입금액 합계가 4,800만 원 미만인 사업자와 같은 소규모 사업자에게는 적용하지 않는다.

세무조사 의심

제대로 된 증빙을 받지 않고 비용으로 반영하는 경우에는 실제의 거래 자체를 의심받을 수 있다. 세무조사 시 비용으로 처리(손금) 자체를 부인당하여 추가적으로 납부하지 않아도 될 세금을 내게 될 수 있으니 주의해야 한다.

적격증빙을 못 받을 경우 대처 방법

실제로 여러 가지 사정이 있어 적격증빙을 받지 못하는 경우도 많다. 간이과세자에게 물건을 구입한다든지 해외에서 신용카드를 받지 않는 곳이라든지 하는 경우에는 우리나라 세법에 맞는 영수증을 받지 못하는 경우가 있다. 그렇다 하더라도 내용을 설명할 만한 증빙이 있다면 비용으로 인정받을 수 있다. 대신 상황에 따라 증빙불비가산세(2%)가 발생할 수도 있다.

매장 인테리어를 했는데 세금계산서를 발행받지 못한 경우

인테리어 업자에게 은행을 통해 입금한 내역, 인테리어 견적서, 인테리어 전후 사진 등으로 증빙하여 감가상각을 통해 비용으로 처리할 수 있다.

건물임대인이 간이과세자라서 세금계산서 발행이 안 되는 경우

건물주에게 임차료를 지급한 은행이체내역, 임대차계약서, 임대인의 영수증 등으로 비용처리가 가능하다(부가세 공제는 불가).

직원 및 일용직의 원천세 신고를 제때 하지 못한 경우

원천세는 지급한 다음 달 10일까지 신고납부를 해야 한다. 직원 및 일용직의 인건비는 꽤 큰 금액이므로 비용처리를 받기 위해서는 일정액의 가산세를 내고서라도 비용으로 처리하는 게 유리한지 확인한 뒤 늦게라도 원천세 신고를 하는 방법이 있다. 이때를 위하여 근로계약서, 직원 신분증, 이체증 등을 준비해 두는 것이 좋다.

매장을 인수하면서 권리금을 지급했지만 세금계산서를 못 받은 경우

내용이 나와 있는 계약서, 사업의 포괄양수도 계약서, 입금 내역, 양도인의 주민등록번호 등을 준비하여 권리금을 비용으로 인정받을 수 있다. 이때에는 권리금을 지급하면서 원천징수를 하지 않은 부분에 대한 가산세가 발생할 수 있으니 금액을 비교하여 유리한 쪽을 선택해야 한다. 이때 비용으로 인정받은 권리금은 일정기간 동안 감가상각을 통하여 비용처리된다.

자동차 구입하고
세금 줄이기

요즘 나 사장은 한창 신이 나 있다. 태국 여행에서 먹어 본 땡모반의 맛에 반해 이리저리 고민한 결과, 고객의 입맛을 확 사로잡을 만한 수박주스 레시피를 개발해 냈기 때문이다.

단점이라면 가락시장의 어느 한 과일가게에서 팔고 있는 수박으로 만들었을 때 빛을 발한다는 것이다. 그러나 배달은 안 해 준다고 해서 직접 사러 가야 하는데 아직까지 자동차가 없는 뚜벅이 신세로는 그 많은 수박을 들고 올 수도 없다. 조 사장은 고민 끝에 작은 경차라도 한 대 뽑으려고 알아보는 중이다.

나 사장은 철훈에게 전화를 걸었다.

"대표님, 안녕하세요."

"세무사님. 제가 가락시장까지 물건을 떼러 가기 힘들어서 차를 사려고 하는데, 차 사는 것도 비용처리가 되나요?"

"사업용으로 구입하는 거니까 가능해요. 혹시 어떤 차 사려고 하시는지 정해 둔 게 있나요?"

"일단 모닝을 사려고요"

"그럼 아주 잘됐어요. 부가세 공제까지 받을 수 있어요."

- 감가상각

- 비영업용 승용차의 매입세액 불공제

사업과 관련하여 차량 구입비용과 차량 유지를 위한 비용(기름 값, 수리비 등)은 세금을 줄일 수 있다. 차량을 구입하는 방법은 현금 구입, 할부, 리스, 렌트 등 여러 가지가 있다. 많이 하는 질문은 "어느 방법으로 차량을 구입해야 세금을 줄일 수 있느냐?"이다.

결론부터 말하자면 어느 방법을 이용하든 지출하는 비용은 세금을 줄이는 데 활용할 수 있다. 간혹 렌트와 리스만 절세가 가능한 것처럼 이야기하고, 현금 구입이나 할부는 절세가 안 되는 것처럼 광고하는데 잘못된 이야기이다. 자동차 구입 방법에 따른 비용처리와 장단점은 다음과 같다.

현금 구입 시

차량을 현금으로 구입하는 경우 지출한 금액은 5년에 걸쳐서 감가상각으로 비용처리하게 된다. 예를 들어 4,000만 원짜리 그랜저를 현금으로 구입했다면 매년 800만 원씩 비용처리가 가능하다 (4,000만 원 ÷ 5년 = 800만 원). 이는 감가상각이라는 방법으로 세금을 줄일 수 있다.

① 장점 : 일반적으로 현금 구입 시 할인이나 프로모션을 제일 많이 받을 수 있다.

② 단점 : 당장 차량 가격만큼의 현금이 필요하다.

할부 시

① 장점 : 당장 차량 가격만큼의 목돈이 없어도 된다.

② 단점 : 차량 가격만큼 부채가 잡혀 대출 등에 불리하다. 차량 가격 외에 이자를 지급해야 한다.

리스 시

① 장점 : 당장 차량 가격만큼의 목돈이 없어도 된다. 매달 리스비가 정해져 있어서 그 금액만큼 비용처리하는 것이 편리하다.

② 단점 : 차량 가격만큼 부채가 잡혀 대출 등에 불리하다. 차량 가격 외에 이자를 지급해야 한다.

렌트 시

① 장점 : 공공기관 출입 시 5부제 등에 걸리지 않는다. 매달 렌트비가 정해져 있어서 그 금액만큼 비용처리하는 것이 편리하다. 내 재산이 아니기 때문에 차량이 재산과 빚으로 잡히지 않는다 (부채로 잡히지 않아 대출 등에 유리하다.). 또한 당장 차량 가격만큼

의 목돈이 없어도 된다.

② 단점 : 번호판이 '하', '허', '호' 번호판이다. 내 재산이 아니기 때문에 차량이 재산과 빚으로 잡히지 않는다. 차량 가격 외에 이자를 지급해야 한다.

부가세 공제를 받을 수 있는 차량

회사별	공제 가능	공제 불가
현대	스타렉스(어반, 9), 산타모(9), 트라제XG(9), 아토스(경, 4), 그레이스-미니버스(9, 12), 그랜드 스타렉스(12), 스타렉스 왜건(11, 12), 갤로퍼-밴(2), 그레이스-밴(3, 6), 스타렉스-밴(6), 포터(3), 트라고	갤로퍼(5, 6), 스타렉스(7), 테라칸(7), 트라제XG(7), 투싼ix(5), 싼타페(7), 베뉴(5), 코나(5), 베라크루즈(7), 산타모(5, 6, 7), 팰리세이드(8), 아이오닉, 뉴클릭, 베르나, 엑센트, i30, i40, 아반떼, 아슬란, 쏘나타(5), 그랜저, 제네시스, 에쿠스, 벨로스터
기아	비스토(경, 5), 카니발R(9), 레이(경), 레이EV(경), 모닝(경, 5), 더뉴 레이(경), 카니발R(11), 카니발R 리무진(11), 프레지오(12, 15), 레토나(밴), 모닝(밴), 레이(밴), 스포티지(밴), 카니발(밴), 프레지오(밴), 봉고	레토나(5), 록스타(5), 뉴카렌스(7), 카니발R-리무진(7), 로체, 슈마, 옵티마, 크레도스, 리오, 오피러스, 엔터프라이즈, 프라이드, 포르테, 쎄라토, 스펙트라, K3, K5, K7, K9, 쏘울, 쏘울EV, 니로(5), 카니발(7), 스포티지R(5, 7), 스토닉(5), 셀토스(5), 모하비(5), 쏘렌토R(7)
한국GM (쉐보레)	스파크(경, 5), 마티즈(경, 5), 티코(경, 5), 다마스(코치, 경), 다마스(밴, 2), 마티즈(밴, 2), 라보(2), 스파크(밴, 2), 콜로라도(5)	크루즈, 말리부, 임팔라, 알페온, 캡티바, 올란도(7), 트랙스(5), 트레일블레이저(5), 이쿼녹스(5), 트래버스(7)
쌍용	뉴로니우스(9), 코란도투리스모(9), 이스타나(11, 12, 14, 15), 로디우스(11), 코란도투리스모(11), 무쏘(밴, 2), 무쏘스포츠(5), 액티언스포츠(5), 렉스턴스포츠(5), 이스타나(밴, 2, 6), 코란도(밴, 3), 코란도스포츠(5)	카이런(7), 무쏘(5, 7), 렉스턴(5, 7), 액티언(5), 티볼리(5), 체어맨(5), 코란도(패밀리, 4, 5, 6)

르노삼성		SM3, SM5, SM6, SM7, QM3(5), QM5(5), QM6(5)
벤츠	c클래스, e클래스, s클래스	
BMW	3시리즈, 4시리즈, 5시리즈, 6시리즈, 7시리즈	
아우디	a3, a5, a6, a7, a8	

※ ( ) 안 숫자는 몇 인승, '경'은 경차를 뜻한다.

개인 장부 쓰고 세금 줄이기

나 사장이 철훈에게 물었다.

"세무사님, 매일매일 사업을 운영하기도 바쁜데, 장부를 꼭 써야 하는 거예요?"

"그래야 내가 얼마를 벌었는지, 얼마가 손해인지 알 수 있지 않겠어요?"

"제가 어디서 들은 얘기인데, 회사 운영하면서 장부를 쓰기만 해도 세금 공제 혜택이 있다던데 사실이에요?"

"아, 그거요? 맞는 이야기이긴 한데… 반만 맞아요. 간편장부 대상자에게 해당하는 말이거든요."

"간편장부대상자? 그게 뭔데요?"

- 복식부기의무자 vs 간편장부대상자
- 혜택은 기장세액공제
- 벌칙은 무기장가산세
- 장부를 썼다면 손해를 15년간 공제 가능

기본적으로 사업을 하게 되면 사장은 수익(매출)과 비용(매입)을 장부에 기록한다. 이것을 '장'부에 '기'록한다고 해서 '기장'이라고 한다. 일정한 규모 이하의 사업자들에게는 기장을 하는 것만으로도 세금을 20%나 줄여 준다.

나라에서는 사업의 규모를 보고 장부를 작성해 두어야 하는 의무를 부여한다. 가계부 수준의 단식부기가 아니라 회계기록 방식에 따른 복식부기로 장부를 작성해야 하는 사업자를 '복식부기의무자'라고 한다. 이들보다 규모가 작아서 복식부기를 사용해서 제대로 장부를 작성하기에는 어려움이 있을 것으로 예상되는 사업자를 '간편장부대상자'라고 한다.

본인이 복식부기의무자가 아닌 간편장부대상자임에도 복식부기로 기장을 했다면 나라에서는 혜택을 준다. 반대로 본인이 복식부기의무자인데 제대로 복식부기로 기장을 하지 않았다면 페널티를 준다.

기장세액공제는 100만 원 한도 내에서 세금의 20%를 공제해 준다. 장부를 작성하게 되면 그 사업을 통해 벌어들인 소득 또는

기장의무에 따른 혜택과 벌칙

회사별	간편장부대상자	복식부기의무자
복식부기로 기장한 경우	기장세액공제	당연 (혜택도 없고 벌칙도 없음)
복식부기로 기장하지 않은 경우	당연 (혜택도 없고 벌칙도 없음)	무기장가산세

손실을 본 금액을 확인할 수 있다. 손실을 보았다면 그 금액은 추후 15년간 발생하는 소득과 공제하여 세금을 줄일 수 있다. 장부를 작성하지 않아서 받을 수 없는 혜택은 또 있다. 감가상각비용, 미수예상비용(대손충당금)도 장부를 작성해서 반영했다면 세법에서 일정한도 내에서 비용으로 인정해 준다.

개인 가산세 :
사업용계좌 신고하고 세금 줄이기

'띵동~.'

"1045번 고객님, 제가 모시겠습니다."

대박은행은 나 사장의 주거래은행이다. 나 사장은 한참을 기다린 뒤에야 본인의 차례가 되어 대박은행의 창구 자리에 앉았다. 어제 철훈이 이야기한 사업용계좌를 만들기 위해서이다. 인터넷 뱅킹이 편하긴 하지만 세무사가 굳이 종이통장으로 받아서 빈 여백에 메모하는 습관을 들이라고 해서 직접 은행을 방문했다.

사업용계좌 사용하여 가산세 안 내기

사업을 하게 되면 사업과 관련하여 돈을 주고받는다. 이때 사업용
계좌를 사용해야 한다. 사업용계좌신고라고 해서 특별한 것은 아
니고 사장 본인 통장 중에서 '이 통장은 사업과 관련한 것으로 사
용할게요.'라고 신고하는 것이다. 본인이 기존에 가지고 있던 통
장을 사용해도 되고, 새로 발급받아 신고해도 된다. 가급적 새로
만드는 것을 추천한다.

　일정 규모 이상의 사업자가 사업용계좌를 사용하지 않는다면
총수입금액의 0.2%에 해당하는 가산세가 나오고 추가로 세금공
제, 세금감면혜택을 받을 수 없으니 꼭 사업용계좌를 만들고 홈택
스에 신고도 하자.

　2명의 공동사업자가 1개의 사업용계좌를 사용해도 되고, 1명
의 대표자가 여러 개의 사업용계좌를 사용해도 된다. 다만, 사업
용계좌로 신고하지 않은 개인계좌로 먼저 돈을 받아 그 돈을 사업
용계좌로 이체하는 것은 원칙적으로 가산세 부과대상이니 주의해
야 한다.

　최근 들어 보이스피싱처럼 통장과 관련한 이런저런 사고가 자
주 생겨서 통장을 만들기가 쉽지 않다. 최근에 만난 사장님도 본
인의 사업장은 종로인데 집이 경기도 위례라서 위례에서 사업용

통장을 만들기 위해 방문한 은행에서 통장 만드는 것을 거절당했다고 했다. 번호표를 뽑고 1시간을 넘게 기다렸는데 허탈하게 돌아왔다고 하니 은행에 방문하기 전에 미리 전화해 보고 가는 걸 추천한다.

사업용 통장 개설할 때 필요한 서류

① 신분증

② 사업자등록증

③ 사업과 관련한 거래를 한다는 증빙서류(세금계산서 등)

개인 현금영수증 가맹하고 세금 줄이기

매년 국세청에서는 소비자에게 현금영수증을 발행해 주어야 하는 업종을 고시하고 있다. 이를 현금영수증 의무발행업종이라고 한다. 이러한 사업자들이 현금영수증 가맹을 하지 않거나, 소비자에게 현금영수증을 발행해 주지 않으면 여러 가지 불이익을 주고 있으니 반드시 가입해야 한다.

① 사업용계좌를 신고해야 할 사업자가 사업용계좌를 신고하지 않은 경우

② 현금영수증가맹점으로 가입해야 할 사업자가 현금영수증가맹
  점으로 가입하지 않은 경우

  이런 경우 다음의 혜택을 적용하지 않으니 주의해야 한다.

  - 창업중소기업 등에 대한 세액공제
  - 중소기업에 대한 특별세액감면
  - 특허권 등의 이전 및 대여에 대한 세액감면
  - 연구개발특구에 입주하는 첨단기술기업 등에 대한 세액감면
  - 중소기업 간의 통합 시 세액감면의 승계
  - 사업전환 시 세액감면의 승계
  - 법인전환기업에 대한 세액감면
  - 혁신도시로 이전하는 공공기관에 대한 세액감면
  - 수도권 밖으로 공장을 이전하는 기업에 대한 세액감면 등
  - 수도권 밖으로 본사를 이전하는 법인에 대한 세액감면 등
  - 농공단지입주기업 등에 대한 세액감면
  - 영농조합법인, 영어조합법인, 농업회사법인에 대한 세액면제
  - 사회적기업 및 장애인표준사업장에 대한 세액감면
  - 소형주택임대사업자에 대한 세액감면
  - 상가건물 장기 임대사업자에 대한 세액감면
  - 상가임대료를 인하한 임대사업자에 대한 세액감면

- 위기지역 창업기업에 대한 법인세 등의 감면

- 감염병 피해에 따른 특별재난지역의 중소기업에 대한 법인

  세 등의 감면

- 선결제 금액에 대한 세액공제

- 산림개발소득에 대한 세액감면

- 해외진출기업의 국내복귀에 대한 세액감면

- 제주첨단과학기술단지 입주기업에 대한 세액감면

- 제주투자진흥지구 등 입주기업에 대한 세액감면

- 기업도시개발구역 입주기업에 대한 세액감면

- 아시아문화중심도시투자진흥지구입주기업 등에 대한 세액

  감면

- 금융중심지창업기업 등에 대한 세액감면

- 첨단의료복합단지입주기업에 대한 세액감면

3장

3년차 이상
사장님의
세금 줄이기

돈이 벌리기 시작하면
세금이 무서워진다

세금공제, 세금감면
받아서 세금 줄이기

다시 또 벚꽃이 눈처럼 내리는 계절이 왔다. 올해는 봄부터 유난히 더웠다. 벚꽃이 예상보다도 일찍 핀 4월 초에 나 사장과 철훈은 벚꽃 눈이 내리는 카페의 테라스 테이블에 마주 앉아 이야기를 나누었다.

나 사장이 기가 찬다는 듯이 말했다.

"무슨 세금이 이렇게 많이 나오나요? 지금까지 고생해서 돈 좀 벌리려고 하니까 세금으로 다 나가게 생겼네요."

"지금부터는 세금이 늘어나지 않게끔 잘 관리해야 해요. 그동

안은 사업을 위해서 투자한 돈이 있었고, 자리를 잡기 전이라 매출도 많지 않았는데 이제는 손익분기점도 지났고, 고객도 늘어나 매출도 같이 늘어났잖아요. 앞으로는 정말 벌리는 것만큼, 아니 그것보다 더 빠르게 세금이 불어나게 될 거예요. 지금까지는 사업 키우는 데 집중했다면, 이제는 세금 줄이는 관리도 같이 해야 해요."

사업을 시작할 때에는 세금이 적거나 없다. 이유는 간단하다. 사업 초기에는 사업에 들어가는 초기 투자비용이 매출보다 적기 때문이다. 그러나 사업이 조금씩 자리를 잡아 가면서 수익이 발생하게 되면 납부하게 되는 세금도 늘어나게 된다.

실제로 사장님이 체감하는 세금이 불어나는 속도는 엄청나게 빠르다고 한다. 일단 3개월마다 내야 하는 부가세부터 시작한다. 매출금액의 10%를 부가가치세로 납부해야 하기 때문에 3개월(또는 6개월)마다 큰돈이 나간다.

이를 대비하기 위해 부가세 계좌를 따로 만들어 두면 좋다. 매출의 10%는 일단 이 부가세 통장에 넣어 두고, 그 안에서 부가세

TIP

부가세 통장을 만들어 둔다. 매출의 10%를 저축해 두었다가 부가세를 납부할 때 활용한다.

를 납부하면 큰돈을 조달해야 하는 부담이 줄어든다.

사업자들이 1년간 열심히 벌어들인 소득에 대하여 신고납부하는 것이 바로 법인세(개인이라면 종합소득세)이다. 법인세는 보통 3월에 신고납부하고, 개인의 종합소득세는 보통 5월에 신고납부한다. 이때에는 나라에서 미리 정해 놓은 항목을 충족하면 세금을 줄여 준다.

예를 들어 지난 1년간 직원을 많이 채용했다면 고용을 증대시킨 기업에 대한 감면을 받을 수 있다. 또는 굳이 복식부기라는 어려운 방법을 통하여 장부를 작성하지 않아도 되는 사업자가 복식부기로 장부를 작성해도 세금을 줄여 준다. 고객에게 법에서 규정하고 있는 영수증을 발급해 주어서 투명한 거래를 했다면 세금을 줄여 준다.

세금을 줄여 주는 대표적인 항목들을 나열하면 다음과 같다. 그중에서 나에게 맞는 요건이 있다면 세금을 줄일 수 있다.

노란우산공제에 가입했다면

소기업·소상공인 공제부금(노란우산공제)에 대한 소득공제를 최고 500만 원까지 받을 수 있다.

사업에 추가로 투자했다면

통합투자세액공제, 중소기업투자세액공제 등을 받을 수 있다.

직원을 채용했다면

고용을 증대시킨 기업에 대한 세액공제를 받을 수 있다(p.94 참고).

부모의 사업을 물려받았거나 받을 예정이라면

가업상속공제를 받을 수 있다.

회사가 수도권 밖으로 이사했다면

중소기업의 지방이전을 지원하는 기업에 대한 세액감면을 받을 수 있다.

장부 작성을 했다면

기장세액공제를 받을 수 있다(p.126 참고).

개인사업자가 매출이 많아서 5월이 아닌 6월에 세금신고하는 성실신고확인대상자가 되었다면

성실신고확인을 받고 세금을 줄일 수 있다(p.139 참고).

경력단절 여성을 고용한 중소기업이라면

고용 후 2년간 지급한 인건비 × 30%(중견기업 15%)만큼 세액공제를 받을 수 있다.

육아휴직 후 복귀자가 있다면

육아휴직 복귀자 인건비 세액공제를 받을 수 있다. 다만, 아이 1명 당 한 번만 적용하며, 상시근로자 수가 감소하지 않는 경우에 적용한다.

비정규직 근로자를 정규직 근로자로 전환했다면

중소·중견기업이 비정규직을 정규직으로 전환했다면 1인당 1,000만 원(중견기업 700만 원) 세액공제를 받을 수 있다.

직원을 추가로 고용했다면

내용이 다양한 항목(중소, 중견, 대기업 / 수도권, 지방 / 청년 등, 청년 등 외)으로 되어 있어서 1명을 고용할 때마다 연간 적게는 450만 원, 많게는 1,550만 원까지 세금혜택을 준다.

이 밖에도 정규직 전환, 육아휴직 복귀자에 대한 세액공제도 추가로 해 준다(p.94 참고).

통합고용세액 공제금액

구분	중소기업		중견기업	대기업
	수도권	지방		
상시근로자	850만 원	950만 원	450만 원	0
청년, 장애인, 60세 이상, 경력단절여성 등	1,450만 원	1,550만 원	800만 원	400만 원

개인 성실신고확인 받고 세금 줄이기

성실신고확인비용 공제

개인사업자라면 1년 동안 벌어들인 소득에 대해서 다음 연도 5월에 종합소득세 신고를 하게 된다. 그러나 1년 동안 매출이 많이 발생하여 세법에서 정한 기준을 초과했다면, 5월이 아닌 6월에 신고를 하게 된다. 이러한 사람들을 '성실신고확인대상자'라고 한다.

기준금액은 어떠한 사업을 하느냐에 따라 다르다. 그 기준금액을 보면 다음과 같다.

성실신고확인대상 기준금액

업종	해당과세기간 수입금액
(가) 농업·임업 및 어업, 광업, 도매 및 소매업(상품중개업 제외), 부동산매매업, 그 밖에(나) 및(다)에 해당되지 아니하는 사업	15억 원
(나) 제조업, 숙박 및 음식점업, 전기·가스·증기 및 공기조절 공급업, 수도·하수·폐기물처리·원료재생업, 건설업(비주거용 건물 건설업은 제외, 주거용 건물 개발 및 공급업을 포함), 운수업 및 창고업, 정보통신업, 금융 및 보험업, 상품중개업	7억 5,000만 원
(다) 부동산임대업, 부동산업(부동산매매업 제외), 전문·과학 및 기술서비스업, 사업시설관리·사업지원 및 임대서비스업, 교육서비스업, 보건업 및 사회복지서비스업, 예술·스포츠 및 여가 관련 서비스업, 협회 및 단체, 수리 및 기타 개인서비스업, 가구내 고용활동업	5억 원

위 표에서 나온 규모 이상의 사업자는 종합소득세 신고를 할

때 제대로 신고했는지 적정성 여부를 세무사 등에게 확인받고 신고해야 한다. 자영업자들의 탈세의도가 없음을 세무사와 같은 전문가가 다시 한 번 확인하는 제도로서 사업자들의 성실신고를 유도하는 한편 책임감 있는 세무대리를 하게끔 하는 데 그 목적이 있다.

이렇게 조금 더 철저한 절차를 거쳐서 신고를 하기 때문에 나라에서도 그에 대한 여러 가지 혜택을 사업자에게 준다.

신고기간은 6월 말까지

일반적으로 종합소득세 신고는 5월 31일까지다. 그러나 성실신고확인대상사업자와 같은 경우는 1달이라는 기간을 더 줘서 6월 30일까지 신고납부한다.

성실신고확인비용 세액공제

성실신고확인대상 사업자가 성실신고확인신고를 제대로 이행하는 경우에는 그와 관련된 비용의 60%(120만 원 한도)를 세금에서 공제해 준다.

의료비 등 세액공제

성실신고확인대상 사업자가 성실신고를 제대로 이행하는 경우에는 일반 개인사업자는 받을 수 없는 의료비·교육비·월세 세액공제를 적용한다.

선물하고
세금 줄이기

무더웠던 한여름 더위가 가고 가을이 왔다. 이제 곧 추석이어서 나 사장은 직원들과 거래처에 명절 선물을 주려고 한다. 올해 명절에는 상품권으로 줄 예정이다. 비용처리가 가능할까?

접대비, 광고선전비, 복리후생비

사업을 하다 보면 거래처 또는 직원들과 함께 식사를 할 때가 있다. 이때 상대방의 식사비용까지 지불하게 될 경우 사업과의 관련 여부에 따라 비용처리가 될 수도 있고, 그렇지 않을 수도 있다.

식사 상대방이 직원이라면 복리후생비로 처리하면 된다. 이럴 경우 복리후생비는 전액을 비용으로 처리할 수 있다. 만약 식사 상대방이 거래처와 같이 사업의 운영과 관련이 있는 사람이라면 접대비로 처리하면 된다. 접대비의 경우에는 다음과 같이 일정 금액까지만 비용으로 처리할 수 있다.

비용처리 가능 접대비 금액 = ⓐ + ⓑ

ⓐ **기본금액**

- 1,200만 원(중소기업 3,600만 원) × 사업 월수 / 12개월

ⓑ **추가가능금액**

- 매출액 100억 원 : 3/1,000

- 매출액 100억~500억 원 : 2/1,000

- 매출액 500억 원~ : 3/10,000

※특수관계인과의 거래금액은 ⓑ의 10%만 인정

일정금액을 초과하는 부분은 비용으로 인정받지 못하게 되니 주의해야 한다. 접대를 공연, 입장권 등으로 하는 경우에는 추가로 비용인정을 해 준다.

그 밖에 식사 상대방이 직원도 아니고, 거래처도 아닌 경우도 있다. 예를 들어 가족과의 식사와 같이 개인적으로 사용하게 되면 비용으로 인정받지 못하니 주의해야 한다.

거래 상대방에 따른 비용인정 여부

거래 상대방	비용인정 여부
직원	인정(복리후생비)
거래처, 이해관계자	한도 내 인정(접대비)
가족	인정 ×

명절 선물을 줄 때

설, 추석과 같은 명절이 다가오면 회사에서는 회사 직원이나 거래처에 추석 선물세트나 상품권을 선물하기도 한다. 이때에도 세금을 줄이기 위해서는 꼼꼼히 준비해야 한다.

명절상여금(추석상여금, 설상여금)도 상여금의 일종이다. 따라서 급여소득 중의 하나이다. 세법에서 급여소득은 비과세라고 정해놓은 것만 비과세되고 나머지는 과세된다.

대표적인 비과세 급여소득은 식비(20만 원), 차량보조금(20만 원), 출산 및 육아수당 등이 있다. 그렇기 때문에 비과세대상이 아닌 명절상여금은 회사에서 직원 등에게 지급할 때 세금을 원천징수한 뒤에 주어야 한다. 다만, 명절상여금을 받을 때 발생하는 원천징수는 임시로 납부하는 '예납적 성격의 세금'이고 최종적으로 명절상여금이 내 주머니에 얼마나 남는지는 연말정산에서 확정된다.

예를 들어 살펴보면 다음과 같다.

- **A부장** : 연봉 9,000만 원(세금 구간 38.5%)
- **B대리** : 연봉 4,000만 원(세금 구간 16.5%)

A부장과 B대리가 추석상여금으로 같은 100만 원을 받는다고 해도 최종적으로 손에 쥐게 되는 상여금은 세금 구간에 따라 달라

진다. A부장은 38만 5,000원을 땐 61만 5,000원을 받게 되고, B대리는 16만 5,000원을 땐 83만 5,000원을 받게 된다. 즉 본인이 적용받고 있는 세율의 구간에 따라서 상여금의 세금도 달라진다고 보면 된다.

명절에 상품권이나 선물 세트를 줄 때에도 다음과 같은 방법으로 세금을 준비해야 문제가 없다.

선물 주고받을 때 세금 처리 여부

주는 사람의 세금 처리		
받는 사람이 거래처	받는 사람이 회사 직원	받는 사람이 아르바이트 (일용근로자)
접대비로 처리되어 기본 3,600만 원까지 비용처리를 할 수 있다(일반기업은 1,200만 원). 접대비는 부가가치세 매입세액공제가 불가능하다.	근로소득에 해당되어 과세하게 된다. 증빙은 원천징수영수증이다. 구입 시 받은 세금계산서는 매입세액공제가 가능하다(상품권, 농축수산물 등 제외).	3개월 이상 고용되지 않은 아르바이트의 경우에는 일당 + 명절 선물의 금액이 18만 7,000원을 넘지 않으면 세금이 없다.

받는 사람의 세금 처리	
받는 사람이 거래처	받는 사람이 회사 직원
드물긴 하지만 선물을 받는 사람이 법인회사 자체라면 받는 회사에는 법인세가 과세된다. 개인이 받는 경우에는 과세되지 않는다(다만, 금액이 커지면 증여세 주의).	직원은 현물로 받은 것이지만 일반적인 상여금으로 보고 소득세법상 근로소득에 포함하는 것이 원칙이다. 보통 소규모 회사에서는 직원에게 세금을 부과하지 않지만 원칙적으로는 부과된다.

4대보험 가입하고
세금 줄이기

직원을 채용하면 4대보험에 가입해야 한다. 4대보험은 국민연금, 건강보험, 고용보험, 산재보험으로 구성되어 있다.

4대보험의 종류

	내용	요율
국민연금	노후에 대한 대비	총 9%(사장 4.5%, 직원 4.5%)
건강보험	기본적인 의료보장	총 7.09%(사장 3.545%, 직원 3.545%) 장기요양보험료 총 12.81%(건강보험료 기준) (사장 6.405%, 직원 6.405%)
고용보험	실업, 출산 등에 대비	총 2.05%(직원 수 150인 미만 기준) (사장 1.15%, 직원 0.9%)
산재보험	업무 관련 다치는 것에 대한 대비	업종별 상이(석탄광업 : 18.6%, 건설업 3.7%, 금융업 0.7% 등)

1차 세금 줄이기

4대보험에 가입하면 매달 위 금액만큼 납부하게 되는데 그 금액만큼 회사의 필요경비로 보아 세금을 줄일 수 있다.

2차 세금 줄이기

한시적으로 4대보험 금액을 납부한 것에 대하여 세액공제를 해준다.

중소기업 고용증가 인원에 대한 사회보험료 세액공제

중소기업이 2024. 12. 31.이 속하는 과세연도까지의 기간 중 해당 과세연도의 상시근로자 수가 직전 과세연도의 상시근로자 수보다 증가한 경우에는 사회보험료 상당액을 해당 과세연도와 해당 과세연도의 종료일부터 1년이 되는 날이 속하는 과세연도까지의 소득세 또는 법인세에서 공제한다(조세특례제한법 30의4 ①).

공제되는 금액은 다음과 같다.

① 청년 및 경력단절여성인 경우 : 100%

② 그 외 : 50%(신성장 서비스업 : 75%)

3차 세금 줄이기

2차 세금 줄이기의 혜택을 받은 기업이 공제를 받은 과세연도의 종료일부터 1년이 되는 날이 속하는 과세연도의 종료일까지의 기간 중 전체 상시근로자 수가 공제받은 과세연도의 전체 상시근로자 수보다 감소하지 아니한 경우 다음 금액을 공제받은 과세연도의 종료일부터 1년이 되는 날이 속하는 과세연도의 소득세 또는 법인세에서도 공제한다.

① 청년 등 상시근로자 수가 감소하지 아니한 경우 : 2차 세금 줄이기로 공제받은 금액

② 청년 등 상시근로자 수만 감소한 경우 : 2차 세금 줄이기로 공제받은

금액 중 ②에 해당하는 금액

2차, 3차 세금 줄이기의 경우에는 공제를 받은 뒤 상시근로자
수가 감소하는 경우에는 다시 내야 하니 주의해야 한다.

업무추진비(접대비)로 세금 줄이기

띠리리리링~ 띠리리리링~

오늘도 나 사장에게서 전화가 왔다.

"세무사님, 안녕하세요. 제 친한 친구 중에 인터넷쇼핑몰을 운
영하는 사람이 있는데, 세무사님께 세무를 맡기고 싶대요."

"아, 그래요? 고맙습니다! 그럼 언제 같이 식사라도 하면서 이
야기하시죠."

"좋아요. 지금 같이 있는데 혹시 오늘 저녁엔 시간 어떠신가요?"

"네, 잘됐네요. 안 그래도 다른 약속이 취소되어서 시간이 떴는
데요."

나 사장, 나 사장의 친구, 철훈은 일식집에서 만나 함께 저녁을
먹었다. 철훈이 저녁 식사값을 계산하려는데 나 사장이 말했다.

"세무사님, 제가 낼게요. 둘 다 제 사람인데 제가 내야지요."

"아니에요. 새로운 고객을 소개시켜 줬는데 제가 내야지요. 어차피 업무추진비로 처리하면 돼요."

"업무추진비? 그게 뭔데요?"

사업을 운영하면서 사업과 관련하여 고마움을 표시하거나 선물을 해야 할 일이 발생한다. 그 상대방이 우리 회사의 직원이라면 '복리후생비', '급여' 등으로 분류되고, 거래처 등과 같은 이해관계자라면 '업무추진비(접대비)'로 분류하여 비용처리할 수 있다. 예를 들어 같은 명절 선물이라 하더라도 받는 사람이 우리 회사 직원인 경우에는 복리후생비 또는 급여로, 거래처인 경우에는 업무추진비로 나뉘게 된다.

복리후생비, 업무추진비(접대비)

복리후생비란 직원의 복리후생을 위하여 지출하는 비용이다. 명절이나 회식 등에서 직원에게 지출하는 비용은 복리후생비로 처리하여 전액 비용처리가 가능하다. 명확히 정해진 한도는 없으나, 세법에서는 사회통념상 인정되는 만큼이라고 정해 놓고 있다.

업무추진비(접대비)란 사업의 원활한 진행을 위하여 업무와 관련하여 거래처 등에게 접대, 향응, 선물 등을 위해 지출하는 비용을 말한다. 기존에는 명칭을 접대비, 판공비, 영업비, 회의비, 판촉비, 교제비, 영업수수료 등으로 다양하게 사용했으나, 2023년부터는 명칭이 접대비에서 업무추진비로 변경되었다. 이와 관련하여 비용인정 한도, 사용처 등 신경을 써야 하는 부분들이 있다.

한도

무분별한 업무추진비의 사용을 규제하기 위하여 세법에서는 비용으로 인정되는 업무추진비의 한도를 정해 두고 있다. 한도는 보통 1,200만 원(일반기업), 3,600만 원(중소기업)으로 기억하면 된다. 여기에 수입금액(매출액)과 문화 목적 접대비에 따라 추가로 한도가 부여된다. 경조사비의 경우에는 건당 20만 원까지 비용으로 인정된다.

비용처리 가능 업무추진비 금액 = ⓐ + ⓑ

ⓐ 기본금액:
   - 1,200만 원(중소기업 3,600만 원) × 사업월수/12개월

ⓑ 추가 가능 금액
   - 매출액 100억 원 : 3/1,000
   - 매출액 100억~500억 원 : 2/1,000
   - 매출액 500억 원~ : 3/10,000

※특수관계인과의 거래금액은 ⓑ의 10%만 인정

상품권을 주는 경우

일반 물품을 구입하여 선물하는 경우에는 물품의 종류나 내용들

이 쉽게 유추되어 업무추진비 인정 여부를 확인할 수 있다. 그러나 상품권의 경우에는 구입 후에 거래처에 선물했는지, 본인이나 가족이 사용했는지, 아니면 다시 현금화했는지 명확하지가 않다. 이 때문에 세무서에서 세무조사를 하는 경우에도 상품권의 경우에는 좀 더 깐깐하게 내역을 확인한다. 따라서 상품권으로 거래처에 선물을 하는 경우에는 증빙을 철저하게 준비해야 한다.

상품권을 구입할 때에는 신용카드로 구입해야 법에서 인정하는 영수증(적격증빙)을 받을 수 있다. 받은 영수증은 잘 보관하여 추후 증빙으로 사용한다. 상품권을 선물할 때에는 언제, 누구에게, 무슨 목적으로, 얼마만큼의 상품권을 주었는지 내부적으로 관리하는 문서인 업무추진비(접대비) 지급대장, 내부품의서 등을 준

상품권 지급대장 예시

부서명	영업2팀		작성자	김○○			
지급일자	수령자		상품권명	금액	지급사유	비고
	거래처 (부서)	성명				
2023.10.02	B유통 (구매부)	김○○	A백화점	200,000	추석명절 선물	
...	...	...	...	...	...	

비해 두어야 추후 세무조사에서의 마찰을 최소화할 수 있다.

만약 상품권의 사용내역을 명확히 밝히지 못하여 인정되지 않는 경우에는 전부 대표자가 개인적으로 사용한 상여로 처리된다. 이럴 경우 많게는 상품권 금액만큼의 추징세액이 발생할 수도 있으니 주의해야 한다.

업무추진비에서 세금을 줄일 수 있는 방법

① 업무추진비 한도는 월할

업무추진비의 한도는 기본 1,200만 원(일반기업), 3,600만 원(중소기업)이다. 이 한도금액은 1년인 12개월을 전부 사업을 했을 경우에 적용되는 한도금액이다. 만약 법인을 12월에 설립했다면 위 금액의 1/12만큼만 한도로 적용받을 수 있다. 따라서 법인을 만들려면 한 달이라도 빨리 하는 것이 업무추진비 한도를 더 높일 수 있다.

② 증빙은 무조건 챙기기

업무추진비가 1만 원을 넘어가면 꼭 신용카드(체크카드)로 결제하거나 세금계산서나 계산서를 받아야 비용으로 인정받을 수 있다. 증빙은 반드시 챙겨 두도록 하자.

③ 문화 관련 상품으로 절세하기

공연 티켓이나 미술관 입장권 같은 문화상품을 거래처에 선물하게 되면 한도금액이 20% 더 증가한다. 박물관 입장권, 체육 입장권(야구관람권 등), 음반, 비디오물, 공연, 미술품(100만 원 이하) 등이 해당하니 적극 활용하자.

④ 증빙 없이도 업무추진비로 인정받을 수 있는 방법
내가 만든 제품을 선물로 주었을 때에는 증빙이 없는 게 당연하다. 또는 해외에서 카드 사용이 안 되는 곳에서 현금 등으로 구입한 상품을 주었을 때에는 증빙 없이도 업무추진비로 인정받을 수 있다.

Q. 거래처 사장의 부친상에 조의금을 30만 원을 했습니다. 이런 경우에는 경조사비 한도 20만 원까지는 비용으로 인정받고, 추가금액인 10만 원만 문제가 되는 건가요?

업무추진비의 경조사비 한도는 건당 20만 원이다. 20만 원을 초과하여 30만 원을 지급한 경우에는 20만 원 초과분인 10만 원만 비용으로 인정을 못 받는 것이 아니라, 30만 원 전액을 비용으로 인정받을 수 없다.

추가로 경조사비는 비용으로 인정받기 위해 청첩장, 부고문자, 모바일청첩장 등으로 증빙이 가능하므로 관련 자료나 문자를 지우지 말고 캡처 등으로 모아두기를 권한다.

기부금 내고
세금 줄이기

세금이 너무 많이 나와 고민인 나 사장은 철훈에게 물었다.

"세금이 많이 나왔는데 더 이상 줄일 방법은 없는 걸까요? 이번 달에는 들어가야 하는 대출금 상환도 많은데…."

"혹시 기부를 했다거나 헌금한 곳은 없으세요?"

기독교 신자인 나 사장은 교회에 헌금한 것을 생각해 냈다.

"교회에 헌금을 해도 세금이 준다고요?"

사업을 하면서 기부금을 내도 한도 내에서는 비용처리가 가능하다. 기부금이란 업무와 관련 없이 지출한 비용이지만, 법에서 정한 기관 등에 기부를 하거나 교회·사찰과 같은 종교시설에 헌금·시주를 해도 기부금으로 비용처리를 할 수 있다. 현물로 기부를 한 경우에도 비용처리가 가능하다. 심지어는 자원봉사를 한 경우에도 일당 5만 원으로 계산하여 기부금으로 처리해 준다.

직장인이라면 연말정산 시 기부금 세액공제라는 항목을 통해 세금을 줄일 수 있으니 본인이 다니는 회사에 기부금내역서를 제출하면 된다. 사업자라고 한다면 회사의 비용(필요경비)으로 넣어 일정한도 내에서 세금을 줄일 수 있다. 기부금을 세금 줄이는 비용으로 처리하기 위해 본인이 기부한 곳에 연말에 기부금 영수증을 요청하도록 하자.

기부한 곳이 어디인지에 따라서 비용처리 한도는 기준소득금액의 100%, 30%, 10%로 나누어진다. 대표적인 기부금 한도를 몇 가지 살펴보면 다음과 같다.

기부처에 따른 기부금 한도

기부처	한도
- 국가나 지방자치단체 - 국군장병 위문금품 - 천재지변으로 생기는 이재민을 위한 구호금품 - 사립학교 등에 시설비·교육비·장학금 등 - 국립대학병원 등에 시설비 ·교육비 또는 연구비 - 자원봉사용역(일당 5만 원) - 정치자금 중 10만 원 초과분	100%
- 우리사주조합에 지출하는 기부금	30%
- 종교시설(교회, 사찰, 성당 등)	10%

결손금 소급 공제 :
작년에 낸 세금 돌려받기

코로나19도 지났는데 사업이 쉽지 않다. 작년에도 간신히 적자를 면했던 나 사장은 올해에는 적자가 났다. 철훈과 통화를 하던 중 직년에 냈던 세금을 돌려받을 수 있다는 이야기를 들었다. 심지어 올해 적자라면 재작년에 냈던 세금까지 돌려받을 수 있다니…. 가뭄에 단비와 같은 소식이었다.

사업을 하면서 이익이 나는 해도 있는 반면, 손실이 발생하는 해도 있다. 이익이 나서 세금을 냈으면, 손실이 나면 환급을 해 주는 게 당연한 일 아닐까? 그렇다고 사업을 시작해서 손실이 난다고 계속 나라에서 돈을 줄 수도 없는 노릇이다. 손실이 발생하는 모든 사업자에게 돈을 줄 수는 없기 때문에 조건을 두었다. 환급을 받기 위한 조건을 확인해 보자.

기본적으로 올해 사업에서 손실이 발생했다면 이를 결손금이라고 부른다. 이 결손금은 앞으로 15년간 사업에서 발생하는 이익과 상계하는 방식으로 진행한다. 이렇게 다음 연도로 넘어가는 결손금을 이월결손금이라고 부른다. 만약 중소기업이라면 다음 연도부터 발생하는 수익과 상계하는 방식과 전년도에 납부했던 세금이 있다면 돌려받는 방식 중에서 선택할 수 있다.

중소기업 세금 환급

결손금 소급 공제는 신청해야 받을 수 있다. 결손금이 발생하면 이월되어서 공제받는 방식이 기본이고, 예외적으로 신청을 하면 직전 연도의 세금을 돌려주는 방식으로 처리할 수 있다. 소급공제를 통해 세금을 돌려받으려면 다음의 조건을 모두 충족해야만 한다.

① 전년도 세금납부금액이 있어야 한다.

② 올해 결손금이 발생해야 한다.

③ 중소기업이어야 한다(조세특례제한법 시행령 제2조).

④ 전년도, 올해 둘 다 기한 내에 세금신고를 해야 한다.

⑤ 소급공제에 의한 환급 신청을 해야 한다.

이월결손금 : 재작년이 손해였을 때 세금 줄이기

코로나19가 발생할 줄 모르고 음식점을 차린 채 사장은 길고 긴 코로나19의 터널을 힘들게 버텨 냈다. 사업 첫해부터 작년까지는 계속 적자였다. 올해는 간신히 적자를 면한 것 같다. 작년까지는 적자라서 세금을 납부하진 않았지만, 올해 적자를 벗어났다고 바로 세금을 내기는 왠지 모르게 억울하다. 지금까지 밑 빠진 독에 넣은 돈이 얼만데….

사업을 운영하면서 장부 작성은 기본이다. 장부 작성을 통해 내가 얼마를 벌었고, 얼마를 손해 보았는지 확인할 수 있다. 채 사장은 사업 초기부터 손해가 나더라도 착실하게 장부를 작성해 와서 지금까지 전체 손실이 얼마인지 확인이 가능하다. 이렇게 적자가 발생한 부분은 이후 흑자가 발생한 연도의 이익과 상계할 수 있다.

예를 들어 채 사장이 2021년에 매출이 1억 원이고 비용이 2억 원 들어갔다면 1억 원의 손실이 발생했다. 다음 연도인 2022년에 매출이 4억 원이고 비용이 3억 7,000만 원이라고 한다면 이익 3,000만 원이 생겼고, 이 3,000만 원에 대해 세금을 내야 한다.

채 사장이 장부 작성을 착실하게 해서 2021년의 매출과 비용에 대하여 증빙을 한다면 2021년의 손실 1억 원과 2022년의 이익 3,000만 원을 상계할 수 있다. 즉 2022년에 납부할 세금은 없어지게 되고, 또 이후에라도 이익이 발생하면 상계할 수 있는 금액 7,000만 원이 남게 된다. 이를 '이월결손금'이라고 한다.

이월결손금

세금이라는 것은 사실 돈을 번 부분에 대하여 납부하는 것이 맞다. 그러기 위해서는 사업을 시작한 날부터 끝나는 날까지를 살펴보아야 한다. 그래야 그 사업에서 돈을 얼마나 벌었는지가 확인이 된다. 즉 (사업자)폐업일까지 세금을 걷지 않고 기다려야 한다.

현실적으로는 어렵다. 몇 년이 될 수도 있고, 몇십 년이 될 수도 있기 때문이다. 그래서 세무서에서는 일정기간을 정해(보통 1년) 그 동안에 이익이 났으면 세금을 걷게 된다. 그렇기 때문에 이익이 나는 해에는 세금을 내지만, 손실이 나는 해에는 세금을 돌려받지 못하는 경우가 있다.

이월결손금을 활용한 절세

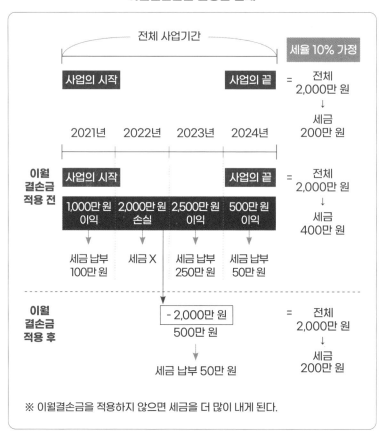

※ 이월결손금을 적용하지 않으면 세금을 더 많이 내게 된다.

세무조사? 가산세?
알면 무섭지 않아

세무조사 때
세금 줄이기

나 사장에게 국세청에서 우편물이 날아왔다. 별생각 없이 봉투를 열고 깔끔하게 접힌 A4용지의 편지를 읽던 나 사장의 손이 갑자기 떨렸다.

세무조사 예고통지!

나 사장의 머릿속에는 텔레비전에서 보던 장면들이 떠올랐다. 검은 양복을 입은 사람들이 찾아와 집과 가게의 서류며 컴퓨터를 전부 파란색 박스에 넣어 압수해 가는 무시무시한 장면 말이다.

나 사장은 떨리는 마음을 가다듬으며 철훈에게 전화를 걸었다.

따르르릉… 따르르릉… 오늘 따라 신호가 울리는 시간이 길게 느껴졌다.

'빨리 좀 받아요.…'

"여보세요."

수화기 건너편에서 철훈의 목소리가 들려왔다.

TV나 신문의 뉴스에서 기업 총수, 연예인들이 탈세로 카메라 앞에 서서 고개를 숙이는 모습을 종종 볼 수 있다. 국세청에서는 어떻게 탈세를 적발하는지, 세무조사 때 세금을 줄일 수 있는 방법이 있는지 알아보자.

세무조사는 크게 2가지로 나누어진다.

① 납세의무의 성립 및 이행 여부를 검증하는 '정기세무조사'

② 명백한 탈루 혐의가 있을 때 착수하는 '비정기세무조사'

정기세무조사 : 누구에게나 나올 수 있다

TV를 보면 국세청 직원들이 커다란 파란박스에 자료를 몽땅 담아 가져가는 모습들이 나온다. 그러나 일반적인 세무조사는 그런 식으로 진행하지 않는다. 국세공무원은 자료를 함부로 가져갈 수도 없고, 특별한 경우 외에는 자료를 가져갈 필요도 없다.

최근에는 납세자의 권리가 중요해져서 국세기본법에 나와 있는 절차를 지키지 않고 함부로 세무조사도 할 수 없다. 우리 주변에 있는 소규모 자영업자, 소규모 회사, 프리랜서가 받는 세무조사는 대부분 일반세무조사이다. 일반적으로 정기세무조사에서는 세무조사를 준비할 수 있는 기간을 20일가량 준다.

비정기세무조사 : 이미 다 알고 나왔습니다

무서운 건 비정기세무조사이다. 탈세 제보와 같은 명백한 세금탈루 혐의가 있거나 하는 경우에는 비정기세무조사를 한다. 정기세무조사에서는 세무조사 준비 기간을 주는 것과 달리 갑자기 세무조사가 들이닥칠 수도 있다.

정기세무조사 / 비정기세무조사 대상자 선정 기준(국세기본법)

● **정기세무조사 대상자**

① 납세자의 신고 내용에 대해 분석한 결과 불성실 혐의가 있다고 인정하는 경우

② 최근 4과세기간 이상 같은 세목의 세무조사를 받지 않은 납세자에 대해 업종, 규모, 경제력 집중 등을 고려해 신고내용이 적정한지를 검증할 필요가 있는 경우

③ 무작위 추출방식으로 표본조사를 하려는 경우

● **비정기세무조사 대상자**

① 납세자가 세법이 정하는 신고, 성실신고확인서의 제출, 세금계산서 또는 계산서의 작성·발급·제출, 지급명세서의 작성·제출 등의 납세협

력의무를 이행하지 않은 경우

② 무자료거래, 위장·가공거래 등 거래내용이 사실과 다른 혐의가 있는 경우

③ 납세자에 대한 구체적인 탈세 제보가 있는 경우

④ 신고 내용에 탈루나 오류의 혐의를 인정할 만한 명백한 자료가 있는 경우

세무조사 선정 방법

국세청 세무조사에는 크게 4가지 방식으로 대상자를 선정한다.

PCI 시스템 이용

PCI시스템이란 소득Property, 소비Consumption, 소득Income을 비교 분석하는 방식이다. 쉽게 표현하자면 '번 것 대비 쓴 것(산 것)'이라고 보면 된다. 예를 들어 지난 3년간 국세청에 신고된 소득은 5억 원인데 지출금액(부동산 취득이나 카드 지출)이 9억 원이라고 가정하면 차이금액인 4억 원은 탈루소득으로 의심되어 세무조사 대상으로 선정될 수 있다.

탈세 제보를 통해 선정

탈세 제보 포상금이 최근에 40억 원까지 증대되었다. 로또에 버금가는 금액이다. 사실 기업이 의도적으로 이중장부를 작성하는

등의 방법으로 탈세를 하게 된다면 과세관청에서 일일이 적발하는 것은 쉽지 않다. 탈세 제보 포상금을 대폭 인상하여 탈세도 잡아내고, 지인들에 의해 제보될 수도 있다는 경각심을 불러 일으켜 성실신고를 유도한다.

성실신고안내문에 의한 선정

납세자가 소득세나 법인세 등 각종 세금을 신고하면 국세청에서는 자체적인 사후검증을 통해 불성실신고 여부를 찾아낸다. 불성실신고 혐의가 있을 경우 다음과 같은 사후검증 안내문을 납세자에게 발송한다.

'귀하의 신고 내용을 정밀분석한 결과 불성실신고 혐의가 있으니 자진해서 수정신고하세요.'

이런 내용의 안내문을 받는다면 실제 탈세를 한 경우 엄청난 심적 부담을 느껴 수정신고를 하게 된다. 만약 사후검증 안내문을 받고도 수정신고하지 않으면 세무조사를 받을 확률이 올라간다. 물론 탈세를 한 게 아니고 떳떳하다면 수정신고를 할 필요는 없으니 걱정하지 않아도 된다.

각종 비율분석에 의한 선정

납세자가 신고한 신고서의 비율을 분석하여 세무조사 대상을 선정하는 방법으로 크게 2가지가 있다.

① 과거의 수치와 비교하는 방법

예를 들어 전년도 신고소득률이 30%인데 올해의 신고소득률은 15%라고 하면 소득누락 혐의를 받을 수 있다.

② 다른 계정과목과 비교분석하는 방법

예를 들어 (재무상태표상) 특정 자산이 증가했다거나 (손익계산서상) 특정비용이 과다계상되었다면 소득탈루를 의심받을 수 있다.

세무조사의 절차에 따라 세금 줄이는 방법

조사대상자의 선정

세금신고 내용으로 성실신고도 측정 등 자체적으로 분석하여 규모에 따라 지방국세청이나 일선 세무서에서 조사하게 된다.

조사대상자 선정에서의 세금 줄이기

세무공무원이 납세자의 세금신고 내용을 분석하는 단계이다. 이 단계에서 납세자가 특별히 준비할 것은 없다. 세무조사를 할 대상을 선정하는 과정에서 자세히 보는 것은 '세금을 성실히 신고하였는가'이다. 그러므로 납세자는 평상시 세금신고를 할 때 문제가 될 만한 부분은 없는지 미리 확인하고 신고하면 된다. 세금을 신고하기 전에 세무전문가의 도움을 받아 과거 세금신고 내역과 비교하여 매출액이나 이익 등에서 크게 변동된 부분은 없는지, 세법에 위배하여 신고하는 부분은 없는지를 주의 깊게 살펴보고 신고하면 된다.

세무조사 계획 수립

과세관청 내부에서 진행되는 과정이다. 과세관청에서는 누가(조사반 편성), 언제, 어떤 기간을, 어떻게 조사할지 등을 결정한다.

세무조사 통보

일반적인 정기조사라고 한다면 세무조사 20일 전에 어떠한 세금 항목에 대해서인지를 비롯하여 조사기간과 조사사유 및 필요한 자료 등이 적힌 안내문을 납세자의 주소지 또는 사업장소재지로 보낸다.

세무조사 안내통지를 받은 납세자는 세무조사를 대비하여야 하는데 세무조사 경험이 많은 세무대리인을 선임하여 함께 준비하는 것이 좋다. 혼자서도 직접 준비할 수 있지만 조력을 받을 권리가 있기 때문에 적극 이용하는 것을 권한다.

상식적인 선에서 대응하는 것이 아니라 세법적인 마인드에서 대응해야 한다. 예를 들어 고객과 식사를 하고 결제한 카드가 어떤 것이냐에 따라 비용을 인정받을 수도 있고, 그렇지 않을 수도 있다. 일반적인 상식에서는 고객과 식사한 것은 비용으로 인정받을 수 있다고 생각할 수 있다. 어떤 카드로 결제했느냐가 중요할 이유가 없다. 그러나 세법에서는 다르다. 개인카드를 사용했는지, 법인카드를 사용했는지를 따져 보아야 한다.

또 다른 예로 회사 차량을 운행하다가 접촉사고가 나서 정비소에 가서 수리했다고 가정해 보자. 이때 세법에서는 그 차량이 몇 인승인지, 보험은 임직원한정특약을 가입했는지 여부에 따라 부가세를 공제받을 수 있다. 카니발이라고 한다면 7인승도 있고, 9인승도 있다. 같은 카니발이고 회사 차량인데도 9인승 차량 수리비는 부가세 공제를 받고, 7인승 차량은 부가세 공제를 받지 못한다. 일반적인 상식으로는 이해하기 어렵다. 세금은 세법 지식을 기반으로 대응해야 하기 때문에 가능하면 세무사를 선임하는 것을 추천한다.

세무조사 통보에서의 세금 줄이기
기존에 거래하고 있는 세무사를 통하여 준비해도 되고, 세무조사전문 세무사를 선임하여 준비해도 된다. 세무대리인과 함께 장부, 증빙, 각종 서류를 검토하며 준비를 한다.

세무조사의 진행(자료소명 요구 & 그에 대한 답변과 법리적인 다툼)
조사공무원이 사무실을 방문하거나 필요 자료만을 요청하는 방법으로 납세자의 장부 등을 파악하며 세무조사를 하게 된다. 이때 납세자는 가능한 한 성실하게 조사에 임해야 한다. 직접 대응하기보다는 세무대리인을 통하여 조력을 받으며 대응하는 것이 좋다.

세무조사 진행에서의 세금 줄이기

① 세무조사 받는 환경을 유리하게 만들자.

조사관이 방문하는 경우 사업장을 정리한다. 특히 책상 위나 테이블, 소파 등을 정리정돈하고 오해의 소지가 있는 메모들은 없애는 것이 좋다. 만약 사업장에서 세무조사를 받기 불편하다면 국세청의 조사실 또는 세무사 사무실을 조사장소로 조사관에게 요청할 수 있다. 사업장에서 조사해야 하는 특별한 이유가 없다면 납세자의 요청을 받아 준다.

② 세무조사를 받을 때는 말조심을 하자.

세무조사를 받다 보면 조사관과 의견이 엇갈리는 경우가 있다. 그럴 경우 조사관과 마찰을 빚기도 하는데 세무조사에는 이득이 될 게 없으니 평정심을 가지고 조사관들을 상대해야 한다. 또한 조사관과 대화할 때에는 말조심해야 한다. 불필요하게 나온 말이 추가과세의 소지가 될 수도 있다. "고객들이 현금영수증을 줘도 안 받아요."라는 말로 현금매출 누락의 오해를 사게 될 수도 있으니 주의하자.

조사의 종결 & 결과의 통지

세무조사의 마무리 단계가 되면 조사관은 종결을 결정하고 납세자에게 통지한다. 납세자는 조사 결과를 인정한다면 추가로 나온 세금이 있을 경우 납부하면 된다. 만약 조사 결과에 불복한다면 추가로 소송을 통하여 구제받을 수 있다.

조사 결과 통지 방법

① 과세예고통지

조사가 끝나고 나면 조사의 결과물인 과세예고통지서를 받는다. 이 내용에 대하여 이의가 있다면 과세적부심사청구를 과세예고통지를 받은 날로부터 20일 이내에 신청할 수 있다.

② 고지서

과세적부심사를 받았지만 이때에도 납세자의 의견이 반영되지 않았다면 고지서를 받게 된다. 고지서를 받은 후에도 이의가 있다면 고지서를 받은 날로부터 90일 이내에 이의신청이나 심사청구, 심판청구를 할 수 있다. 이때 중요한 것은 90일이 지나게 되면 법적인 보호를 받을 수 없게 되니 특별히 주의해야 한다.

세금신고 빨리 해서
가산세 줄이기

'아차차, 오늘이 11일이구나!'

세무사 사무실에서 납부서를 보내주며 어제까지 꼭 내라고 했는데⋯ 요새 일이 정신없어서 놓쳤다. 나 사장은 지금이라도 납부하기 위해 은행사이트에 접속했다.

'하루쯤 늦었다고 별일 있겠어?'

납부를 하려고 하는데, 하라는 납부는 안 되고 모니터에 계속 오류가 떴다.

'어라?'

급한 마음에 철훈에게 전화를 걸었다.

"여보세요."

수화기 저편에서 철훈의 목소리가 들려왔다.

"세무사님, 어제 세금을 못 내고 지금 내려고 하는데 계속 납부가 안 되네요. 어떻게 해야 하죠?"

조용히 듣고 있던 철훈이 말을 꺼냈다.

"어제면 원천세 말씀하시는 거지요? 오늘 낼 거예요? 그럼 금액이 변경되었으니까 납부서 다시 만들어서 보내 드릴게요."

나 사장은 이상했다.

'하루 차이에 금액이 달라져?'

- 납부지연가산세 인하

- 가산세도 빨리 신고납부하면 할인

세금을 납부기한보다 늦게 내면 매일 가산세가 붙는다. 그렇기 때문에 신고기한이 지났다면 매일매일 납부금액이 늘어나게 된다. 따라서 하루라도 빨리 납부하는 게 절세 방법이다. 가산세가 그만큼 줄기 때문이다. 납부를 늦게 하는 이유로 붙게 되는 가산세는 매일 0.022%만큼 늘어난다. 1년으로 따지면 8% 가까이 되기 때문에 낮은 금리가 아니다. 하루라도 세금을 빨리 내면 가산세가 줄어든다.

세금을 낼 돈이 부족하여 납부를 하지 못하는 경우라면 세금신고만이라도 꼭 해 두어야 한다. 가산세는 신고를 하지 않은 것에 대한 가산세, 납부를 하지 않은 것에 대한 가산세가 있다. 세금 납부금액이 부족한 경우라면 이 2개의 가산세 중 납부를 하지 않은 것에 대한 가산세만 부담하는 방법을 택하는 게 유리하다.

납부금액에 대한 가산세만 내는 것이 현명한 이유는 세금신고를 하고 나서 내가 납부해야 할 금액이 정해졌고, 또 세금을 신고해야 하는 의무를 이행했기 때문이다. 세금신고를 하지 않으면 가산세는 훨씬 커진다. 신고를 하지 않거나 잘못 신고한 부분에 대한 가산세는 금액이 더욱 크다. 일반적으로 신고를 하지 않은 경우라면 납부해야 하는 세액의 20%(최고 60%)까지 가산세를 낼 수 있으니 반드시 기한 내에 신고해야 한다.

다만, 신고기한이 지난 후 일정기간(1개월, 3개월) 이내면 50% 할인해 주는 경우도 있으니 신고는 반드시 제때 하고, 늦었다면 하루라도 빨리 해야 한다.

신고 관련 가산세
● 무신고가산세
신고기한까지 세금신고 자체를 하지 않았다면 무신고가산세가 발생한다. 다음에 나오는 적게 신고한 부분에 대한 가산세(과소신고가산세)보다 무거운 가산세를 부담하게 되니 당장 세금 납부를 하지 못하더라도 신고는 해야 무거운 가산세를 피할 수 있다.

구분	내용
① 일반적인 경우	ⓐ 부정행위무신고 : 산출세액 × 40%(국제거래 60%)
	ⓑ 일반무신고 : 무신고납부세액 × 20%
② 복식부기의무자	ⓐ 부정행위무신고 : 다음 둘 중 큰 금액 산출세액의 40%(국제거래 60%) 또는 수입금액의 0.14%
	ⓑ 일반무신고 : 다음 둘 중 큰 금액 무신고납부세액의 20% 또는 수입금액의 0.07%

● **과소신고가산세**

신고기한까지 세금신고는 했으나 세금을 적게 신고한 경우에는 과소신고가산세가 발생한다. 같은 의미에서 환급을 더 많이 받는 것으로 신고한 경우에도 초과환급신고가산세라는 동일한 의미의 가산세가 발생한다.

일반적인 경우 : ① + ②

① 부정과소 신고가산세	부정과소신고납부세액 등 × 40%(국제거래 60%)
② 일반과소 신고가산세	(과소신고납부세액 등 - 부정과소신고납부세액 등) × 10%

복식부기의무자 : ① + ②

① 부정과소 신고가산세	다음 둘 중 큰 금액 부정과소신고납부세액 등의 40%(국제거래 60%) 또는 부정과소신고수입금액의 0.14%
② 일반과소 신고가산세	(과소신고납부세액 등 - 부정과소신고납부세액 등) × 10%

납부 관련 가산세 : ① + ②

구분	사유	가산세액
① 미달납부 (초과환급)	법정납부기한까지 국세를 납부하지 않거나 납부한 세액이 납부해야 할 세액에 미달하는 경우 또는 환급받은 세액이 환급받아야 할 세액을 초과하는 경우	미달납부(초과환급) 세액 × 22/100,000 × 미납일수
② 체납액	납부고지서에 따른 납부기한까지 납부하지 아니한 경우	미납부·과소납부세액 × 3%

가산세와 가산금

사업을 운영하다 보면 자칫 깜빡하고 세금을 납부기한까지 내지 못하는 경우가 종종 있다. 이때에는 가산세나 가산금이 발생하는데, 가산세와 가산금은 전혀 다른 것임에도 불구하고 얼핏 들으면 이름이 비슷해서 헷갈려서 사용된다.

가산세는 세금을 납부하는 납세자가 스스로 신고하고 납부하는 세금에 부과되는 것이다. 이와는 반대로 가산금은 과세관청에서 납부할 세금을 알려 주는(고지) 세금에 부과된다. 예를 들어 자동차세나 재산세 같은 세금이 고지되는 세금이다.

납세자가 스스로 신고하는 세금으로는 소득세, 양도소득세, 부가가치세 등이 있다.

따라서 내가 스스로 세금신고도 하고 납부를 하는 세금을 내지 않았을 때에는 가산세가 부과되며, 나라에서 나에게 세금 납부금액을 알려 주는 고지서에 적힌 금액을 납부하지 않았을 때에는 가산금이 붙는다.

부과기한에도 차이가 있다. 가산세는 부정행위가 있다고 판단되면 한도 없이 가산세를 부과할 수 있다. 그래서 가산세가 엄청나게 커질 수 있다. 반대로 가산금은 부과기한이 최대 5년(60개월)으로 정해져 있다. 나라에서 납부하라고 고지한 납세고지서를 받고서도 납부기한 내에 세금을 납부하지 않으면 3%의 가산금이 부과된다. 체납국세가 50만 원 이상인 경우에는 매달 1.2%의 중가산금이 5년 동안 부과된다. 50만 원 이상 국세가 체납된 경우에는 최대 72%의 가산금이 부과될 수 있다.

가산세는 천재지변 등의 불가피한 사정이나 정당한 사유가 인정되는 경우에는 부과하지 않는다. 그 밖에도 신고기한을 갓 넘겨서 신고를 한다면 감면해 준다. 하지만 가산금의 경우에는 연체이자와 같은 성격이라 감면 규정이 없다. 다만, 가산금의 근거인 본세가 부과 취소되거나 정정되는 경우에는 가산금이 취소되거나 줄어들 수 있다.

4장

고수 사장님의
세금 줄이기

1

법인으로 변경하고
세금 줄이기

나 사장도 매드커피를 개업한 지 어느덧 5년차 사장님이 되었다. 이젠 정말 초보 사장 티를 많이 벗었다. 많은 우여곡절이 있었지만 매드커피 3호점까지 운영하며, 매출도 어느 정도 올라 자리를 잡게 되었다. 매출이 오른 만큼 고민되는 것이 바로 세금이었다.

매일 밤 고객에게 받은 돈을 정산할 때면 전부 내 돈인 것 같아 기분이 좋았지만, 때마다 돌아오는 세금을 납부할 때면 한 번에 큰돈이 나가는 게 속이 쓰렸다. 고객에게 받은 돈의 10%는 부가세인 것도 잘 알고 있다. 철훈의 조언대로 부가세 통장을 따로 만들어서 고객에게 받은 돈의 10%는 꼬박꼬박 저축해 놓았다가 부가세 납부를 한다.

부가세 통장은 큰 도움이 되긴 했다. 부가세 통장을 만들기 전에는 세금 낼 때면 마이너스 통장을 써야만 했다. 마이너스 통장도 대출인지라 영 신경이 쓰일 수밖에 없었다. 부가세 통장을 만든 이후로는 그런 걱정은 덜었지만, 그래도 영 탐탁지 않다.

개인사업자 vs
법인사업자의 세금 차이

"개인이 세금이 더 높다고요?"

나 사장은 눈이 휘둥그레졌다.

모름지기 법인사업자는 커다란 회사로 느껴지고, 개인사업자는 영세한 사람들인 줄 알았는데, 그런 법인사업자보다 개인사업자가 세율이 더 높다니?

의아했다.

우리나라의 법인세와 소득세는 누진세 구조이다. 누진세란 소득금액이 커질수록 더 높은 세율이 적용되도록 만들어 놓은 것이다. 개인기업의 경우에는 총수입에서 총비용을 뺀 순이익에 소득세율 6~45%를 곱하여 세금을 계산한다. 이에 반해 법인기업에 대하여는 총수입에서 총비용을 뺀 순이익에 법인세율 9~24%를 곱하여 세금을 계산한다.

따라서 순이익이 작다면 개인기업은 6%를 적용하는 데 비해 법인기업은 9%를 적용하니 개인기업의 형태가 유리하다. 반대로 순이익이 많다면 개인기업은 45%를 적용하는 데 비해 법인기업은 24%를 적용하므로 법인기업의 형태가 유리하다.

법인세율

과세표준	세율
2억 원 이하	9%
2억 원 초과 ~ 200억 원 이하	19% - 2,000만 원
200억 원 초과 ~ 3,000억 원 이하	21% - 4억 2,000만 원
3,000억 원 초과	24% - 94억 2,000만 원

(개인)종합소득세율

과세표준	세율
1,400만 원 이하	6%
1,400만 원 초과 ~ 5,000만 원 이하	15% - 126만 원
5,000만 원 초과 ~ 8,800만 원 이하	24% - 576만 원
8,800만 원 초과 ~ 1억, 5000만 원 이하	35% - 1,544만 원
1억 5,000만 원 초과 ~ 3억 원 이하	38% - 1,994만 원
3억 원 초과 ~ 5억 원 이하	40% - 2,594만 원
5억 원 초과 ~ 10억 원 이하	42% - 3,594만 원
10억 원 초과	45% - 6,594만 원

단순하게 계산했을 때 과세표준이 2,100만 원이 되었을 때 법

인사업자의 산출세액과 개인사업자의 산출세액이 동일하다.

법인사업자와 개인사업자의 과세표준 비교

과세표준	세율	산출세액	비고
21,000,000원	9%	1,890,000원	법인
	1,400만 원까지 : 6% 1,400만 원 초과분 : 15%	1,890,000원	개인

단순 세율 외에도 법인으로 변경 시 고려할 사항은 또 있다. 법인은 세율 말고도 세법에서 정한 규칙을 더욱 엄격하고 제대로 지켜야 한다.

예를 들어 법인은 통장 관리를 더욱 꼼꼼히 관리해야 한다. 개인사업자의 경우 사업과 관련이 없어도 통장에서 자유롭게 출금하여 사용하는 것에 대해 큰 제재는 없지만, 법인사업자는 사업과 관련 없이 통장에서 돈을 출금하면 큰일 난다. 법인에서 그 돈을 빌려 준 것으로 보게 된다. 그렇기 때문에 이자까지 다 계산해서 통장에 다시 넣어야 한다. 이런 걸 '가지급금'이라고 한다. 잘못하면 횡령의 문제가 발생할 수 있으니 주의해야 한다.

그 밖에도 법인 변경 시에는 고려할 사항이 많기 때문에 반드시 전문가와 상의한 후에 진행하는 것이 좋다.

성실신고확인제도로
세금 줄이기

사업이 성장하면 자연스럽게 매출액(수입금액)이 커지게 된다. 개인사업자의 매출이 일정 규모를 넘어서면 종합소득세를 신고할 때 성실신고확인제도의 적용을 받는다(기준금액은 p.139의 표 참고).

성실신고확인제도란 사업자가 작성한 장부가 세법에 맞게 제대로 작성되었는지를 세무사나 세무법인 등에게 사전에 검토받는 것을 말한다. 전문가적인 시각에서 사전에 재확인하여 사업자의 탈세를 예방하고 성실신고를 유도하는 것이다.

자영업자들이 세금을 탈루할 때 많이 활용하는 방법으로는 매출 숨기기, 경비 부풀리기, 업무와 무관한 경비 반영하기 등이 있다. 세무사 등은 이러한 탈세행위를 방지하기 위해 사업자가 작성한 장부와 증명서류 등을 면밀히 검토하고 문제가 없으면 세금신고 외에 추가로 성실신고확인서를 작성하여 납세지 관할 세무서장에게 제출하여야 한다(소득세법 70의2①).

보통 성실신고확인을 적용받는 사업자와 그 담당세무사는 추가 업무로 인하여 시간과 비용이 더 필요하게 된다. 이 때문에 성실신고확인 대상 사업자에게는 다음과 같은 혜택이 추가로 주어진다.

① 성실신고확인대상 사업자에게는 일반적인 세금신고기간보다

한 달이라는 기간을 더 준다. 일반 개인사업자가 5월 말까지 종합소득세를 신고납부하는 것과 다르게 성실신고확인대상 사업자는 6월 말까지 종합소득세를 신고납부하게 된다.

② 성실신고확인대상 사업자는 최대 120만 원의 세액공제를 받을 수 있다.

③ 일반 개인사업자에게는 적용되지 않는 의료비, 교육비, 월세에 대해 세액공제를 받을 수 있다.

법인으로 변경하고 세금 줄이기

세율 차이로 세금 줄이기

Q. 매출이 많아지면 법인으로 바꾸라고 하는데, 왜인가요?

보통 사업이 커지게 되면 개인사업자를 법인으로 변경하라고 한다. 이유는 여러 가지가 있다.

① 법인에게 적용하는 세율과 개인에게 적용하는 세율이 다르다. 이 세율의 차이로 인하여 법인으로 변경하면 납부하는 세금이 더 적어지게 된다.

② 개인보다 법인이 대외적으로 신용도가 높다.

③ 소유와 경영의 분리로 좀 더 전문적인 경영이 가능하다.

④ 종업원의 지분 참여도 가능하여 바람직한 노사관계가 정립될
  수 있다.
⑤ 외부로부터의 자금조달이 쉬운 편이다.

  이처럼 법인의 유리한 점이 여러 가지 있으나 보통은 세금이
줄어들게 되어 변경을 하는 경우가 많다. 앞에서 설명한 대로 과
세표준이 2,100만 원을 넘어서는 시점부터는 법인의 산출세액이
개인의 산출세액보다 적어서 세금에서 유리하게 된다.

영업권으로 세금 줄이기

개인사업을 법인으로 변경하면서 '영업권'이라는 것이 발생하는
경우가 있다. 영업권이란 쉽게 말해 우리가 주변에서 볼 수 있는
권리금이라고 생각하면 된다. 개인사업을 운영하면서 구축해 온
거래처와 고객, 영업 노하우 등에 대한 대가라고 보면 된다.
  법인에서 개인사업 자체를 사 오게 되면서 고객, 거래처, 영업
노하우에 대한 대가를 주는 경우가 있다. 이 금액은 회계장부에
영업권이라는 이름으로 기록되며, 감가상각을 통해 비용으로 처
리된다. 영업권의 비용처리기간(내용연수)은 5년이다. 이렇게 영업
권의 감가상각을 절세에 활용할 수 있게 된다.

법인전환의
유형과 방법

현물출자에 의한 법인 설립

개인사업을 새로 만들게 될 법인사업에 출자하는 방식의 설립이
다. 보통 주식회사 등을 설립할 때 자본금이라는 현금(돈)을 넣는
다. 이 현금(돈) 대신에 내가 하고 있는 사업을 넣고 회사를 설립
하는 방식이다. 현물출자에 의한 법인설립은 발기인만 할 수 있기
때문에 개인사업자는 법인설립의 발기인이 되어야 한다.

현물출자는 그 현물(사업)의 정확한 가액이 얼마인지 정해야 하
므로 법원이 선임한 검사인의 검사를 거쳐서 그 사업(현물출가가액)
을 확정하는 절차가 필요하다. 장점은 일정요건을 만족하면 양도
소득세 이월과세, 취득세·등록세 면제 등의 세제혜택을 받을 수
있다. 단점은 현물출자가액의 확정 등 절차가 복잡하고 시간이 오
래 걸린다.

사업양수양도

개인사업을 법인이 전부 사 오는 방식이다. 법인을 먼저 설립한
후, 그 법인이 개인사업의 모든 권리와 의무를 포괄적으로 사 오
는 방식이다. 기존의 개인사업에서 보유하고 있는 자산(재고자산,
기계설비, 부동산 등)과 부채(대출 등)의 명의변경이 쉬울 때 적합하다.

장점은 비교적 절차가 간편하고, 기존 개인사업의 경력, 거래

처의 유지가 쉽다는 점이다. 단점은 기존 개인사업의 자산과 부채를 정확히 파악해야 하고, 이에 적법한 사업양수양도계약서를 작성할 필요가 있다. 사업의 모든 권리와 의무가 포괄적으로 넘어가는 방식이라면 부가가치세가 과세되지 않기 때문에 자금의 운용에도 도움이 된다.

신규법인 설립

가장 손쉽고 간단한 방법이다. 기존의 개인사업은 폐업하고, 새롭게 법인을 설립하여 그 법인을 통한 사업을 진행하는 것이다. 기존의 개인사업이 보유하고 있는 자산, 부채가 많지 않은 경우나 기존의 개인사업 실적 등이 크게 중요하지 않은 사업에 적합하다. 절차는 다음과 같다. 동시에 기존 개인사업의 폐업도 진행하게 된다.

① 발기인 구성
② 정관을 작성하고 공증
③ 법인설립등기 신청

최후의 절세 꿀팁 :
이미 나온 세금도 줄여 보자

경정청구 :
잘못 냈던 세금으로 세금 줄이기

경정청구로 세금 돌려받기

신고납부한 세금이 여러 가지 이유로 틀리게 되는 경우가 있다. 제대로 했다면 더 냈거나 덜 냈어야 하는 금액이라면 바르게 정정해야 한다. 내가 냈던 세금보다 더 내야 하는 경우라면 '수정신고'라고 하고, 내가 냈던 세금보다 덜 내야 하는 경우라면 '경정청구'라고 한다. 같은 의미로 올바르게 잡는 정정신고이지만 부르는 명칭은 다르다.

세금을 더 내야 하는 수정신고라면 신고를 잘못한 부분에 대한 가산세(10%)와 그만큼 늦게 납부한 부분에 대한 이자상당액(납부불성실가산세)을 추가로 납부해야 한다. 단, 신고기한이 지난 후로부터 6개월 내에 수정신고를 한다면 가산세는 50% 감면받을 수 있다. 수정신고는 세무서로부터 관련 내용을 전달받기 전까지 언제든 할 수 있다.

이와 반대로 돈을 돌려받아야 하는 경정청구는 법정신고기한 경과 후 5년 이내(종전 3년)에 관할 세무서장에게 경정청구하여 환급을 요청할 수 있다. 관할세무서장은 청구받은 날로부터 2개월 이내에 결과를 청구자에게 통지해야 한다.

경정청구 방법은 최초의 신고내역과 함께 수정된 신고서를 비교할 수 있도록 경정청구서를 작성하고 그 사유를 입증할 수 있는 서류를 제출해야 한다. 경정청구 역시 홈택스에서 작성 및 제출이 가능하다.

불복 :
세금 많이 나올 경우 세금 줄이기

- 조세불복, 절차 진행
- 분납으로 나눠 내면 이자수익만큼이라도 절세
- 국선대리인을 통해 무료로 불복청구

사전 절차

납세자가 억울하게 세금을 납부하게 되는 것을 보호하기 위하여 둔 제도가 '과세전적부심사'와 '조세불복' 제도이다. 그중 과세전적부심사는 세금이 부과되기 전에 사전적으로 권리를 구제받을 수 있는 제도이다. 세금이 부과될 것을 알리는 과세예고통지서나 세무조사결과통지서를 받은 날로부터 30일 이내에 관할세무서에 청구서를 제출하는 것이다. 이 청구서를 세무서장이 판단하여 30일 이내에 청구인에게 알려 주게 된다.

사후 절차

사전 절차인 과세전적부심사에서 납세자가 원하는 결과를 받지 못하면 불복할 수도 있다. 이를 조세불복이라고 한다. 세금이 부과되고 나서 억울함을 알려 사후적으로 권리를 구제받을 수 있는 제도이다. 조세불복은 법적 제도인 만큼 일정한 절차를 통하여 이루어진다.

납세자가 세무조사 결과가 못마땅할 경우에는 불복을 진행할 수 있다. 이때 납세자의 억울함을 판결해 주는 곳은 국세청, 조세심판원, 감사원, 법원이 있다. 납세자는 이 중에서 본인이 판단받고 싶은 곳을 선택할 수 있다.

사후 권리구제 제도

이의신청	세납세고지서를 받은 날부터 90일 이내에 처분관서에 신청
심사청구 심판청구	납세고지서를 받은 날 또는 이의신청의 결정통지를 받은 날부터 90일 이내에 국세청(감사원)에 심사청구를 하거나 조세심판원에 심판청구
행정소송	심사청구, 심판청구 결과통지를 받은 날부터 90일 이내에 고지한 세무서장을 상대로 행정법원에 소송을 제기

이때 주의해야 할 점은 억울함을 제기할 수 있는 기간이 정해져 있다. 억울한 납세자는 반드시 고지서를 받은 날 또는 세금부과 사실을 안 날로부터 90일 이내에 제기해야 한다.

조세불복 절차

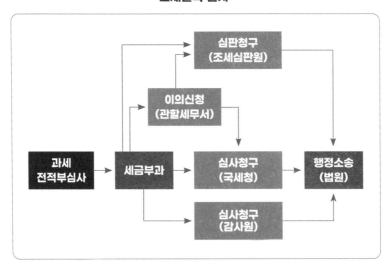

이러한 조세불복 절차를 통해서도 납세자의 억울함이 해결되

지 않는다면 그 결과통지를 받은 날로부터 90일 이내에 행정소송을 제기할 수 있다. 정리하자면 이의신청을 거치지 않고도 심사청구(또는 감사원 심사청구)나 심판청구를 할 수 있으나, 행정소송은 반드시 심사청구(또는 감사원 심사청구), 심판청구를 거쳐야 한다.

다만, 감사원 심사청구는 행위가 있음을 안 날부터 90일 내, 행위가 있은 날부터 180일 내에 청구해야 한다. 불복청구는 인터넷을 통하거나 우편 또는 방문접수를 통해 청구할 수 있다. 인터넷을 통한 방법은 [홈택스 → 상담·불복·고충·제보·기타 → 불복청구]의 순서로 신청하면 된다.

국선대리인 제도

경제적 사정 등으로 세무대리인을 선임하지 못한 영세사업자가 청구세액이 5,000만 원 이하의 과세전적부심사, 이의신청, 심사청구를 제기하는 경우에는 무료로 국선대리인을 지원받을 수 있다. 현재는 영세납세자를 위하여 무료로 법령 검토·자문, 증거서류 보완 등 불복청구 대리업무를 수행하는 세무사·공인회계사·변호사들이 있다. 신청은 세무서·지방국세청의 납세자보호담당관실 또는 국세청 심사1담당관실로 하면 된다.

분납 :
나누어 내며 세금 줄이기

사업의 흐름은 일상과 같이 매일매일 일어나고 있는 데 반해, 세금의 신고와 납부는 기간이 정해져 있다. 보통 1년 동안 돈을 번 것에 대하여 다음 해 3월 말 또는 5월 말까지 한꺼번에 납부하게 되어 세금 부담이 크게 느껴지게 된다.

납부할 세금이 1,000만 원 이상이면 두 번에 나누어서 낼 수 있다. 납부금액이 2,000만 원 이하인 경우에는 1,000만 원 먼저 납부하고 나머지를 2개월 후에 납부하면 되고, 납부금액이 2,000만 원 이상인 경우에는 50%를 먼저 납부하고 나머지 50%를 2개월 후에 납부하면 된다. 이렇게 2개월 후에 납부해도 되는 금액은 은행에 넣어 두면 이자를 받을 수 있다. 그만큼 세금이 줄어들게 된다.

분납금액의 납부 방법

납부해야 할 세금	납부기한까지	2개월 후
1,000만 원 이상~2,000만 원 미만	1,000만 원 납부	나머지 금액 납부
2,000만 원 이상~	세금의 50% 납부	나머지 50% 납부

사업과 관련한 법인세, 종합소득세뿐만 아니라 증여세, 상속세, 양도소득세에도 분납이 가능하니 활용하여 세금을 아낄 수 있다. 분납은 신고기한(납부기한)까지 관할세무서장에게 신청하면 된다. 나는 기본적으로 세금이 1,000만 원 이상 나오게 되면 분납을

신청하여 세금을 줄이고 있다.

세금 포인트로
세금 줄이기

아니 세금에도 포인트가 쌓인다고?

세금이 무슨 신용카드도 아니고 내가 낸 세금에 마일리지 같은 게 쌓인다니?

대부분의 사람은 처음 듣거나 의아해하는 내용이다. 그렇다. 세금을 얼마나 납부하는지에 따라서 납부세액에 비례하는 포인트를 받을 수 있는 제도가 있다. 세금 포인트 제도는 내가 세금을 10만 원 자진 납부할 때마다 1점씩 포인트가 모이게 된다. 또 국세청에서 보내주는 고지서에 따라 세금을 납부하게 되면 10만 원당 0.3점의 포인트가 쌓인다. 대신 세금을 환급받게 되면 쌓아 두었던 포인트도 마이너스 처리가 되므로 주의해야 한다.

포인트 혜택

세금 포인트를 사용해 국세청의 할인 쇼핑몰에서 최대 5포인트를 사용해서 여러 중소기업 제품을 5% 할인받아 구입할 수 있다. 국립중앙박물관 같은 박물관이나 수목원 입장료 할인을 받을 수도 있다. 인천공항에서는 포인트로 비즈니스센터를 이용할 수 있다.

무엇보다 가장 많이 사용되는 곳은 세금의 납부기한을 연장할 때 담보제공 없이 사용할 수 있다. 부가가치세, 종합소득세 등 각종 세금이 많이 나와서 현금이 부족할 때에는 세금 납부를 미룰 수 있다. 이때에는 보통 담보를 제공해야 하지만, 담보가 없더라도 포인트를 사용해서 세금 납부를 미룰 수 있다. 다만, 이때에도 세금신고는 해야 한다.

나의 세금 포인트 확인하기

국세청 사이트 홈택스에 접속하면 나의 현재 세금 포인트가 얼마인지 확인해 볼 수 있다. 홈택스에 로그인해서 위쪽의 'My홈택스' 메뉴를 클릭하면 나의 세금 포인트가 나온다.

5장

업종별
세금 줄이기

부동산임대업 :
월세 깎아 주고 세금 줄이기

착한임대인 세제 지원

상가건물을 임대하는 사업자가 소상공인인 임차인으로부터 받는 임대료를 인하해 주는 경우에는 임대료 인하액의 70%(또는 50%)에 해당하는 만큼 세금을 깎아 준다. 다만, 현재는 2020년 1월 1일 ~2023년 12월 31일의 월세에 대하여 적용하고 있고, 계속하여 세금을 공제하는지는 추후 확인이 필요하다.

부동산임대업의 경우에는 다른 업종에 비하여 비용으로 인정받을 수 있는 항목이 적은 편이나. 이유는 사업과 관련하여 사용한 금액을 비용으로 처리해야 하는데, 그 금액이 부동산임대업을 위해서만 사용된 것이 불분명한 경우가 많기 때문이다.

예를 들어 차량을 사용하여 발생한 비용인 차량유지비의 경우에도 그 차량이 과연 부동산임대업만을 위하여 사용된 것이 맞는지 불분명하다. 이러한 경우 비용으로 신고하면 세무서에서 비용인정을 받지 못해 가산세 문제가 불거질 수 있다. 따라서 부동산임대업의 경우에는 사업과 관련된 비용인지를 확인하는 것부터 시작하여 비용을 꼼꼼히 챙기지 않는다면, 수익이 모두 과세되어 세금이 많이 나오게 된다.

부동산임대업에서의 비용으로 많이 사용되는 항목은 다음과 같으니 꼼꼼하게 챙겨서 세금을 줄이도록 하자.

재산세 및 종합부동산세 등 제세공과금

부동산임대업으로 등록한 부동산의 재산세와 종부세는 비용으로 처리할 수 있다. 그 밖에도 도로사용료, 교통유발부담금 등과 같은 부동산 관련 비용도 챙기도록 하자.

대출 관련 이자비용

부동산임대업을 운영하기 위하여 부동산의 취득이나 증축과 관련한 대출을 은행 등으로부터 받은 경우에는 이에 대한 이자비용을 경비로 처리할 수 있다. 준비 서류는 대출금이자상환내역(은행)이다.

건물수리비 및 건물관리비

부동산을 수리하기 위하여 지출한 비용이 있다면 영수증을 챙기도록 하자. 건물 관리를 위하여 관리업체에게 지출한 비용이 있다면 세금계산서 등을 받아서 비용으로 인정받을 수 있다.

화재보험료

부동산의 화재보험료도 납입한 금액이 있다면 비용으로 처리할 수 있다. 보험사로부터 받아서 챙기도록 하자.

감가상각비

건물의 취득가액은 감가상각으로 20년 또는 40년 동안 나누어서 비용으로 처리할 수 있다.

급여

건물 관리를 위하여 채용한 경비원 또는 청소부가 있다면 이들에

절세 TIP

부동산 감가상각비의 경우에는 비용으로 처리한 만큼, 추후 그 부동산을 양도함으로써 발생하는 양도소득세를 계산할 때 부동산의 취득가액에서 차감하게 되므로 양도소득세 부담이 커질 수 있다. 따라서 부동산(건물 등)의 감가상각비를 반영할 때에는 주의해야 한다.

게 지급하는 급여도 비용으로 인정 가능하다.

지급수수료

공인중개사나 세무사에게 지급하는 금액도 세금신고 시 비용으로
인정받을 수 있다.

기장세액공제

임대수입이 연간 7,500만 원 미만인 경우라면 간편장부만 작성하
면 된다. 이들이 복식부기로 작성하게 된다면 추가로 20%의 소득
세 감면이 가능하다. 기장세액공제(p.126) 파트를 참고하도록 하자.

음식점업 :
재료 사고 세금 줄이기

2년째 일본식 돈가스 음식점을 운영하는 조 사장은 항상 부가세 신고기간이 두렵다. 이번에는 또 얼마의 부가세를 내게 될까? 항상 마음의 준비는 하고 있지만, 학창 시절에 시험기간이 다가오면 '미리 공부 좀 해 둘걸…' 하는 식의 후회를 매번 하고 있다.

　'이번에는 영수증 좀 잘 모아 둘걸…'

식재료 구입할 때 세액공제 많이 받는 방법

음식점은 부가가치세 과세사업자이다. 그런데 음식점에서 구입하는 식재료는 대부분 부가가치세가 면세이다. 조 사장처럼 식재료(부가세 면세)를 사다가 음식(부가세 과세)을 판매하면 부가세가 엄청 많이 나오게 된다. 이유는 내가 파는 음식에만 부가세 10%를 과세하기 때문이다.

돈가스집의 돈가스는 고기를 면세로 공급받는 재료이다. 그런데 이것으로 돈가스를 만들어서 과세로 부가가치세를 내게 되면 고객에게 받는 금액에 대해서는 부가가치세를 내고, 구입한 원재료(고기)에 대한 부가가치세는 매입세액공제를 받지 못해 음식점의 세금부담이 크게 된다.

이러한 식당의 억울함을 줄여 주기 위해 부가가치세 '의제매입세액'공제라는 제도가 있다.

의제매입세액공제란?

의제매입세액공제란 농·축·수산물처럼 부가가치세가 면세되는 원재료를 매입하여 부가가치세가 과세되지 않았지만, 매출액은 과세되어 부가가치세를 내는 부분을 고려하여 매입한 금액의 일정비율을 부가가치세로 냈다고 가정하여 부가가치세를 공제해 주는 제도이다.

의제매입세액공제를 받으려면 증빙이 필수이다. 증빙 없이 현금으로 거래하거나 계산서를 못 챙긴다면 부가가치세를 더 내야 한다. 부가세 매입세액공제로 인정되는 증빙은 계산서, 신용카드 매출전표, 현금영수증이다.

쇼핑몰업 :
재고 구입 시 증빙 챙기기

손 사장의 아내는 대학시절에 의상학을 전공할 만큼 패션에 일가
견이 있다. 본인의 용돈을 마련하고자 쇼핑몰을 운영하려고 한다.
일단은 집에서 작게 시작하고, 추후 매출 규모가 커지게 되면 사
무실을 얻으려고 한다.

시작은 간이과세자가 유리

쇼핑몰의 처음은 위 사례처럼 대부분 본인의 집 같은 곳에서 작게
시작하는 경우가 많다. 이렇게 초기비용이 많이 들어가지 않은 경
우라면 간이과세자로 사업자등록을 하는 것이 유리하다. 이후에
매출 규모가 커져서 연간 8,000만 원 이상이 된다면 다음 해 7월부

터는 자동으로 일반과세자로 전환된다.

사업 초반부터 사업장을 임차하고 인테리어와 재고를 많이 구매하는 등 초기비용이 크다면 일반과세자로 시작하는 것을 고려해야 한다. 이 경우에는 전문가와 상담하여 결정하는 것이 좋다.

매입 증빙이 관건

쇼핑몰을 운영하는 경우에는 무자료매입을 하는 경우가 있다. 증빙을 받으려면 부가세 10%를 추가로 내야 한다거나, 현금으로 결제하면 할인을 해 준다거나, (세금)계산서를 발행하지 않는 조건으로 할인을 해 준다고 한다. 이럴 때 눈앞의 작은 이익만 보면 나중에 세금폭탄으로 돌아올 수 있으니 주의해야 한다.

부가세 10%를 추가로 내더라도 증빙을 받는 것이 유리하다. (세금)계산서와 같은 적격증빙을 받거나 신용카드 결제를 통하여 매입을 증빙하게 되면 부가가치세를 10% 공제받을 수 있고, 다음해에 종합소득세 신고에서도 비용으로 인정받을 수 있어서 한 번 결제하고 두 번의 혜택을 받을 수 있다. 매입 증빙은 꼭 구비하도록 하자.

학원업 :
강사 고용 계약이 중요

강 원장은 5년간 학원강사 생활을 마지막으로 본인의 학원을 개원하려고 한다. 어디서부터 시작해야 할지 몰라 먼저 개원한 선배 황 원장에게 조언을 구하고 있다.

학원업은 부가가치세 면세사업자이다. 그러나 모든 학원업이 아닌 교육청에 등록을 마친 학원이 대상이므로, 사업자등록을 하기 전에 교육청에 학원업 등록을 해야 한다. 학원업은 교육청에 학원 등록 과정을 거치고 나면 사업자등록 업무는 수월하게 진행된다. 다른 사업과 마찬가지로 개원일로부터 20일 이내에 사업자등록을 해야 한다. 이 기간이 지나면 가산세가 부과되니 주의해야 한다.

현금영수증 잘 챙기기

학원은 현금영수증 의무발행 업종이다. 10만 원 이상 수강료에 대해서는 학부모가 요청하지 않더라도 현금영수증을 발행해 주어야 한다. 학부모의 핸드폰 번호 등 정보를 알 수 없어 발행이 어려운 경우에는 [010-000-1234]로 발행하면 된다. 혹시라도 누락하면 다음해 2월 연말정산 시즌에 현금영수증을 요청하는 학부모들의 불만으로 고생할 수 있으니 누락하지 않도록 해야 한다.

강사 고용은 신중하게

학원에서 강사를 채용할 때 정규직 형태로 고용하는 경우도 있고, 프리랜서(사업소득자) 형태로 계약을 맺는 경우도 있다. 이 둘은 각각 장단점이 있다.

정규직 형태로 고용하는 경우에는 고용과 관련된 각종 지원금(두루누리, 일자리 안정자금 등)을 받을 수 있다. 고용을 창출함으로써 1인당 700만 원에서 1,300만 원까지의 세액공제 감면 효과도 크다. 다만, 정규직 직원은 퇴직금이 발생하며, 4대보험도 가입해야 한다. 또한 고용창출로 인한 세액공제 감면을 받는다면 사후관리를 해야 하니 주의해야 한다.

프리랜서 형태로 사업자 대 사업자의 계약을 맺는다면 4대보험에 가입할 필요가 없어 4대보험료가 지출되지 않고, 직원이 아니기 때문에 퇴직금도 발생하지 않는다. 프리랜서 강사에게 지급하는 금액의 3.3%만 원천징수하면 된다. 다만, 고용이 아니기 때문에 고용창출과 관련한 세액공제 감면은 받을 수 없다.

프린랜서 계약의 경우 내 밑에 있는 직원이 아니기 때문에 주의가 필요하다. 실제 형태가 고용인지, 프리랜서 계약인지 잘 따져 보아야 한다. 프리랜서 형태로 계약했지만 강사의 퇴사 시 퇴직금 문제로 분쟁이 발생할 수도 있다.

강사 고용 형태에 따른 장단점

	정규직 형태로 고용	프리랜서 형태로 계약
장점	- 고용 관련 지원금 - 고용창출 세액공제 혜택	- 퇴직금 미발생 - 4대보험 의무 없음
단점	- 퇴직금 지급 - 4대보험 가입	- 고용 관련 지원금 없음 - 고용창출 세액공제 없음

카페업 :
증빙 제대로 챙기기

카페는 음식점 업종에 속하기 때문에 시군구청에서 영업신고증을 발급받아 사업자등록증을 신청한다. 카페의 업종코드는 552303 이다. 영업신고를 하지 않고 카페 영업을 할 경우 3년 이하의 징역 또는 3,000만 원 이하의 벌금이 부과될 수 있으니 반드시 영업신고를 해야 한다.

인테리어 증빙 받기

카페의 인테리어를 의뢰하면서 현금으로 하면 할인해 준다는 이야기에 솔깃해 증빙을 받지 않고 진행하는 경우가 종종 있다. 이런 경우에는 부가가치세 공제라는 혜택과 소득세 비용인정이라는

2가지 혜택을 놓칠 수 있으니 인테리어 증빙을 위해 반드시 세금계산서를 받아 두도록 하자.

배달료 세금계산서

최근 배달앱을 이용하여 배달을 하는 카페가 많이 생겼다. 배달 서비스를 이용하면서 지급하는 수수료는 세금계산서를 잘 챙겨 두어야 한다. 세금계산서 상의 부가가치세 매입세액 공제를 받을 수 있다.

사업자 신용카드 등록

프랜차이즈 카페가 아닌 카페를 창업하는 경우는 대부분 개인사업자이다. 이런 개인카페는 사업자 신용카드를 만들고 국세청 홈택스에 등록을 누락하는 경우가 많다. 법인은 신용카드가 자동으로 홈택스에 등록되기 때문에 사업자가 직접 등록할 필요가 없지만 개인사업자는 다르다. 사업 초기에는 신경 쓸 게 많아서 놓치기 쉬운데 사업자 신용카드를 국세청 홈택스에 꼭 등록해야 한다.

유흥주점업 :
봉사료지급대장 작성하고 서명받기

주점이나 술집과 같은 경우 일반음식점과 다르게 세금의 종류가 다양하고 복잡하다. 음식점 영업은 신청사항이지만, 단란주점·유흥주점 영업은 시장·군수 또는 구청장에게 허가를 받아야 한다. 특히 유흥주점이라면 더욱 챙겨야 할 세금 관련 내용이 많으니 꼼꼼히 챙겨야 절세가 가능하다.

유흥주점의 사업자등록은 꼼꼼히

유흥주점업은 술과 접대행위를 제공하는 업종으로 세법상 소비성 서비스업에 해당한다. 따라서 세무서의 관심을 많이 받기 때문에 쉽게 세무조사의 대상이 된다. 유흥주점은 사업자등록 시점부터

자금출처명세서(필수 서류)를 제출해야 한다. 개업자금의 내역 및 재무상황을 살펴보기 위해서이다. 명의위장 사업자인지 아닌지 등으로 탈세 여부를 초반에 확인할 수 있다.

부가가치세 대리납부 세액공제

유흥주점은 부가가치세를 신용카드사에서 대신하여 납부한다. 부가가치세 10%를 전부 납부하는 것이 아니라 신용카드사에서 유흥주점 사업자의 카드매출에서 일괄적으로 4%를 떼서 국세청에 납부한다. 이후 이 금액의 1%를 특례사업자(유흥) 세액공제로 받을 수 있다.

다만, 봉사료의 경우에는 부가가치세 대리납부대상이 아니므로 서비스금액에 포함되어 있다 하더라도 소비자에게 신용카드매출전표를 발행할 때에는 별도로 구분 표시해서 발행해야 한다. 구분 표시되지 않으면 신용카드 결제금액 전부에 대해 대리납부대상이 되니 주의해야 한다.

봉사료는 지급내역 관리를 철저히

주점 사업자가 받는 금액에 종업원의 봉사료가 포함된 경우에는 이를 구분해야 주점 사업자의 세금을 줄일 수 있다. 또한 봉사료 지급대장을 작성하고 수령자 본인의 서명을 받아 비치해야 한다.

자금출처명세서

■ 부가가치세법 시행규칙 [별지 제6호서식] <개정 2015.3.6.>

자금출처명세서

접수번호	접수일	처리기간	즉시

1. 사업자 인적사항

성명(법인명)	주민등록번호
주소 또는 거소	전화번호

2. 소요 자금 명세 (천원)

합계	임대보증금 (전세금포함)	권리금	시설비	기타

* 그 밖의 명세:

3. 자금 출처 명세 (천원)

합계	자기자금						타인자금		
	계	예금 등	부동산 매각대금	동산 등 매각대금	수증	기타	계	금융기관	타인자금

* 그 밖의 자금 출처:

4. 타인자금 세부 내역 (천원, %)

□ 금융기관

연번	은행명	계좌번호	차입금액	차입일	만기일	이자율
1						
2						

□ 타인자금

연번	성명(상호)	대여자 주민등록번호 (사업자등록번호)	차입금액	차입일	만기일	이자율	관계
1							
2							

「부가가치세법 시행령」 제11조제3항에 따라 자금출처명세서를 제출합니다.

년 월 일

제출자 (서명 또는 인)

세무서장 귀하

신청인(대표자) 제출서류	1. 소요 자금을 확인할 수 있는 세금계산서, 계약서, 사업계획서 등 증명서류 2. 금융기관 차입자금은 해당 금융기관이 발행한 증명서 3. 타인자금은 채권자가 확인되는 차용증서 사본 4. 예금·적금은 통장 사본과 그 예금·적금의 자금원천이 확인되는 서류 5. 부동산 매각대금은 부동산소재지·수량 및 금액이 표시된 매매계약서 사본 6. 동산 등 매각대금은 매수자의 주소, 성명, 주민등록번호가 적힌 매매계약서 사본 또는 매수자 확인서 7. 수증은 증여자의 주소, 성명, 주민등록번호를 적은 확인서 8. 기타는 자금원천이 확인되는 서류	수수료 없음

210mm×297mm[백상지 80g/㎡(재활용품)]

209

도소매업 :
중소기업특별세액 감면받기

도소매업의 경우에는 세금계산서와 신용카드 매출 등으로 인하여 대부분의 매출이 투명하게 드러난다. 그러므로 보다 더 철저히 매입비용의 증빙을 챙기는 데 주력해야 한다. 도소매업의 경우에는 상품원가 및 임차료의 비중이 절대적으로 크기 때문에 이에 대한 세금계산서를 받아 두어야 한다. 또한 도소매업의 경우에는 부가가치세 간이과세 적용이 불가능하다.

기장세액 공제

도소매업은 수입이 연간 3억 원 미만인 경우에는 간편장부만 작성하면 된다. 복식부기로 작성한다면 추가로 20%의 소득세 감면

이 가능하다. 기장세액공제(p. 126) 파트를 참고하도록 하자.

임차료

재고를 쌓아 두는 도소매업의 특성상 창고 또는 매장을 빌려서 운영하게 된다. 따라서 임차료는 세금계산서를 받아 두어 추후의 비용 증빙에 활용하도록 한다.

인건비

직원이 있는 경우에는 인건비 신고를 꼭 해야 한다. 도소매업에서의 3대 비용은 상품원가, 임차료, 인건비이므로 인건비 신고를 누락하지 않도록 주의해야 한다.

신용카드발행세액 공제

개인사업자의 경우에는 일반 소비자를 대상으로 카드를 받고 판매한 금액과 현금영수증 발행분에 대하여는 직전연도 매출액이 10억 원 이하라면 신용카드발행세액공제 1%를 부가세에서 공제받을 수 있다(2023. 12. 31.까지는 1.3%).

마일리지 할인

고객에게 판매한 일정액만큼 마일리지를 쌓게 하고, 추후에 고객이 그 마일리지를 이용하여 물건을 구입하는 경우에는 해당 마일리지 금액만큼 매출금액이 달라지게 된다. 그러므로 고객에게 마일리지 제도를 운영하고 있다면 꼼꼼히 챙겨서 신고해야 한다.

중소기업특별세액 감면

중소기업 도소매업의 경우에는 법인세 및 소득세를 신고할 때 중소기업특별세액 감면을 받아 세금을 많이 줄일 수 있다. 도소매업의 경우에는 10% 비율로 세액감면 혜택을 받을 수 있다(1억 원 한도).

핸드폰 대리점업 :
고객 위약금 대납하고 세금 줄이기

핸드폰 대리점(이동통신 판매점)을 3년째 운영하는 정 사장은 신규
고객을 유치하기 위해서 고객이 기존에 사용하던 통신사 위약금
을 대신 내주고 있다. 고객 유치를 위해서는 어쩔 수 없다고 한다.
정 사장은 비용처리 내용이 궁금하여 철훈에게 질문했다.

**Q. 고객들이 기존에 사용하던 통신사에 대한 위약금을 대납해 주는 것
도 비용처리가 될 수 있나요?**

결론부터 말하자면 종합소득세 신고 시 비용처리는 가능하다. 다
만, 부가가치세 매입세액공제는 불가능하다. 이동통신 사업자가
불특정다수에게 사전에 핸드폰을 구매하는 경우 기존 단말기에

대한 할부금을 대신 납부한다는 등의 내용을 공지하고 휴대폰 구매 고객의 할부금 등을 대신 납부해 주고 이를 장부에 적어 보관하는 경우에는 판매부대비용으로 100% 비용처리가 가능하다.

다만, 위약금 등을 대납하는 경우는 재화의 거래가 아닌 자금의 거래로 보아 부가가치세 신고 시에 매입세액공제를 받을 수는 없다[조심2016중2044(2016.08.11.)].

불특정다수가 아닌 특정인에게만 위의 혜택을 적용해 준다면 접대비로 처리하여 한도 내에서 비용처리가 가능하다.

Q. 새로 가입하는 신규고객의 가입비를 대납해 주는 경우에는 비용처리가 가능한가요? 가능하다면 증빙서류는 어떠한 것이 있나요?

이 역시 같은 논리로 종합소득세 신고 시 비용처리는 가능하지만 부가가치세 매입세액공제는 불가능하다(소득-43, 2010.01.12.).

고객과의 세금계산서 수수 등은 불가능하므로 계약서 및 가입비대납대장과 같은 지원금 지급내역을 만들어 사업장에서 관리해야 한다. 휴대폰 판매점에서는 신규고객 유치를 위하여 필연적으로 고객들의 위약금 대납이나 가입비 지원을 해 준다. 이러한 이유로 지출하는 지원금은 건전한 사회통념 및 상관행에 비추어 정상적인 거래로 판난되어 비용처리가 충분히 가능하다.

스크린골프업 :
조기환급으로 자금압박 벗어나기

최근 골프인구의 증가로 인하여 스크린골프장, 골프연습장이 많이 생겨났다. 골프존을 선두로 카카오스크린 등 다양한 브랜드의 스크린골프장이 있다. 브랜드가 다르다 하여도 스크린골프장의 세금 줄이는 방법은 다를 게 없으므로 그에 맞게 준비하면 된다.

사업자등록은 가능한 빨리
스크린골프장은 임대차 계약, 인테리어, 기계설비와 같은 초기비용이 많이 들어간다. 이때 부가가치세 10%도 내기 때문에 사업자등록을 가능한 빨리 하여 부가가치세 환급을 받아 자금 부담을 줄여야 한다. 사업자등록증 발급 전이라도 비용처리를 위한 증빙 수

취는 가능하나, 가능한 한 사업자등록증을 발급받는 것이 좋다.

업종코드

업종코드 선택은 기장의무, 추계신고 시 경비율, 세액감면 적용 등에 영향을 미치므로 사업장 형태에 맞는 업종을 선택해야 한다. 일반적인 실내 스크린골프장인 경우에는 업종코드를 924308로 하면 된다.

스크린골프 관련 업종코드

코드번호	세분류	세세분류	단순경비율	기준경비율
924307	기타 스포츠시설 운영업	골프연습장 운영업	81.6	19.4
	야외 골프연습장 시설을 운영하는 산업활동을 말한다. <예시> - 야외 그물망 설치 골프연습장 <제외> ※ 실내 골프연습장 시설 운영(→924308)			
924308	기타 스포츠시설 운영업	골프연습장 운영업	87.7	23.1
	실내 골프연습장 시설을 운영하는 산업활동을 말한다. <예시> - 실내 스크린 골프연습장 <제외> ※ 야외 골프연습장 시설 운영(→924307)			

사업자유형 : 일반과세자

스크린골프장(924307, 924308)은 국세청에서 고시하는 간이과세배

제업종에 해당하므로 간이과세자를 선택할 수 없다. 일반과세자로만 가능하다.

사업자등록을 할 때 필요한 서류

① 임대차계약서(사업장 임대 시)

② 체육시설업신고필증

③ 신분증

조기환급 신청으로 빠르게 부가세 환급받기

스크린골프장은 초기비용이 수 억 원 들어간다. 이 중 10%의 부가세를 빨리 돌려받는다면 자금 융통에 도움이 된다. 일반과세자의 부가가치세 신고흐름으로 진행하다 보면 자금회전이 늦어져 곤란할 수 있다. 다음 예시를 살펴보자.

> 2월 4일에 스크린골프장을 창업한 P씨는 인테리어 등 초기비용으로 6억 원의 비용을 지출했다. 부가가치세 10%(약 6,000만 원)는 언제 환급받을 수 있을까?
>
> ### ① 일반과세자 부가가치세 신고를 했을 때
> 1~6월의 부가가치세 신고기한은 7월 25일이며, 이때부터 30일 이내에 환급받을 수 있다. 8월 25일경 환급받게 된다.

② 조기환급 신청을 했을 때

조기환급을 신청하는 경우 환급은 3~4월에 받을 수 있다. 따라서 초기 운영자금 확보를 위해서 조기환급제도를 활용해야 한다.

현금영수증은 반드시 발행하기

2019년 1월 1일부터 골프연습장 운영업은 현금영수증 의무발행 업종에 해당한다. 건당 10만 원 이상의 거래대금에 대하여는 고객이 요구하지 않더라도 무조건 현금영수증을 발행해야 한다. 고객의 정보를 모를 경우에는 국세청 지정코드(010-000-1234)로 발급하면 된다. 현금영수증을 발행하지 않을 경우에는 거래대금의 20%를 가산세로 추징당할 수 있으니 주의해야 한다.

인건비 처리

스크린골프 매장에서 지급하는 인건비의 종류에는 크게 카운터에 근무하는 직원의 급여와 레슨프로에게 지급하는 비용이 있다. 이때 근로소득과 사업소득으로 적절하게 구분하여 지급해야 하며, 원천세 신고납부를 통해 비용인정을 받아야 한다. 근로소득과 사업소득에 따라 4대보험의 납부 형태가 달라질 수 있으니 주의해야 한다.